Mit Ausflügen rund um

WIEN

Stadtführer spezial

DIE AUTOREN

Roland Mischke, in Chemnitz geboren, studierte in Berlin Evangelische Theologie und Germanistik. Er arbeitete bei verschiedenen Tageszeitungen, u. a. auch bei der FAZ, und schrieb zwei Sachbücher und mehr als ein Dutzend Reiseführer. Nach 25 Jahren Zwischenstopp in Frankfurt am Main lebt er wieder in Berlin.

Julia Rotter, studierte in Wien Publizistik und Germanistik. 2017 gründete sie ihren Reiseblog www.julie-en-voyage.com, wo sie ihre LeserInnen auf ihre Reisen durch Europa, aber auch zu exotischeren Reisezielen mitnimmt und mit Tipps versorgt.

www.vistapoint.de

INHALT

CHRONIK

SERVICE VON A BIS Z

ORTE AUS »1000 PLACES TO SEE BEFORE YOU DIE«

Zeichenerklärung

Top 10
Das müssen Sie gesehen haben

Mein Wien
Lieblingsplätze des Autors

Vista Point
Museen, Galerien, Architektur und andere Sehenswürdigkeiten

Kartensymbol: Verweist auf das entsprechende Planquadrat der ausfaltbaren Karte bzw. der Detailpläne im Buch.

Blick über Wien mit Stephansdom

Kriege gehören ins Museum®
HGM
HEERESGESCHICHTLICHES MUSEUM
1030 Wien · Arsenal · Straßenbahn D/O/18 · www.hgm.at
UNSER HEER
WH-282640

0
3 km
Leitzersdf.
Würnitz
Kronberg
Schleinbach
Wiesen
Rückersdorf
Oberrohrbach
Pfösing
Ulrichskirchen
Stockerau
Harmannsdorf
Klein-
rötz
Munichs-
thal
Wolkers-
dorf
Spillern
Unter-
rohrb.
Tres-
dorf
Manhartsbrunn
Leoben-
dorf
Seebarn
A5
Obersdorf
Pillichsdor
A22
S1
Stetten
Groß-
ebersdorf
Eibes-
brunn
Donau
Enzersfeld
Greifen-
stein
Höflein
Korneuburg
Königsbrunn
S1
Klein-
Engersdorf
Hagenbr.
Seyring
St. Andrä-
Wördern
Hadersfeld
Kritzen-
dorf
Zeiselmauer-
Wolf-
passing
Maria
Gugging
Bisam-
berg
Kapeller-
feld
Freiberg
Föhrenhain
Langenzers-
dorf
Gerasdorf
b. Wien
Hintersdorf
Kierling
Rußbach
S1
Unterkirch-
bach
KLOSTERNEUBURG
Ober-
lisse
Deutsch-
Wagram
Oberkirch-
bach
Weidling
Stammersdorf
Parbasdorf
Weidlings-
bach
Aderklaa
Floridsdorf
A22
Grinzing
Kagran
Döbling
Donaustadt
Essling
Raas-
dorf
S2
Währing
Hernals
Brigittenau
Ottakring
Aspern
Leopold-
stadt
WIEN
Alsergrund
Penzing
A22
A23
Innere
Stadt
Josefstadt
Groß-
Enzersdorf
A1
Purkers-
dorf
Neubau
Landstraße
Donau
Wien
Wieden
Rudolfsheim-
Fünfhaus
Mariahilf
Hietzing
Margareten
Meidling
A23
Mühl-
leiten
A4
Laab
Favoriten
Simmering
Breitenfurt
bei Wien
Liesing
A2
Schwechat
Manns-
wörth
Oberlaa
S1
Perchtolds-
dorf
Vösendorf
Leopoldsdf.
Rannersdf.
Zwölfaxing
Kaltenleut-
geben
A21
Brunn am
Gebirge
Henners-
dorf
Lanzen-
dorf
Ma.
Lanzendf.
Pellen-
dorf
Rauchen-
warth
Hinter-
brühl
Wiener
Neudorf
Schwechat
Mödling
Laxen-
burg
Achau
Himberg
Schwadorf
A2
Gumpolds-
kirchen
Wiener-
herberg
Gaaden
Guntrams-
dorf
Velm
Ebergassing
Fischa
Siegenfeld
München-
dorf
Pfaff-
stätten
Möllersdorf
Moosbrunn
Gramat-
neusiedl
Piesting
Traiskirchen

Willkommen in Wien

Wien, die Metropole zwischen imperialer Tradition, zeitgenössischer Kreativität, musikalischer Perfektion und kulinarischer Vielfalt, gehört zu den attraktivsten Reisezielen der Welt. Ganz zu Recht wurde Wien 2015 zum sechsten Mal in Folge als lebenswerteste Stadt weltweit ausgezeichnet.

Wien ist aber auch eine Stadt zum Träumen. Wie kaum eine andere kokettiert sie mit der Vergänglichkeit und lebt in ihrer Vergangenheit fort. Das Habsburger Kaiserreich ist längst passé, doch seine Metropole träumt noch immer von Glanz und Größe. Beim Anblick der pompösen Fassaden und kopfsteingepflasterten Gassen leben die Jahrhunderte wieder auf – nicht als drückende Last, eher als Melodie aus vergangenen Tagen, ein Potpourri aus Wiener Walzer, Radetzkymarsch und Bruckner-Symphonie.

Daneben gibt es aber auch eine Moderne, die ihre Tentakel in Form von glas- und chromummantelten Bauten bis ins Herz der Stadt, dem Stephansplatz, vorgeschoben hat, wo der Turm des Doms wie ein wuchtiger Tropfstein emporwächst. Wer hinaufsteigt, erblickt ein

Prinz Eugen vor der Wiener Hofburg am Heldenplatz, der alten kaiserlichen Residenz in Wien

Wien, das sich weit in die Landschaft hinein stapelt – und immer höher wird!

An der Peripherie der Stadt wächst die Donau-City, die nicht mehr an barocken Maßstäben orientiert ist, sondern eher an der Skyline von Frankfurt und Chicago. Wiens Moderne in Architektur, Kunst und Mode ist beeindruckend, aber nur Teil eines Spektrums. Denn Wien bleibt Wien. Da passen die Wiener auf.

Nach dem Fall des Eisernen Vorhangs ist Wien wieder ins Zentrum Mitteleuropas gerückt. Es ist zur Drehscheibe zwischen der östlichen und der westlichen Hälfte des Kontinents geworden, die es schon einmal war, als von hier aus ein Völkerstaat von 53 Millionen Menschen gelenkt wurde. Heute geht es nicht mehr um politische Macht, sondern um kulturelle Potenz. Wien ist stilprägend, seine Museen und kulturellen Einrichtungen sind vorbildlich und setzen Maßstäbe in der obersten Liga.

Ein Besuch in Wien ist eine Wanderung durch vergangene Mentalitäten, kaum irgendwo ist Geschichte so zum Greifen nahe. Im Kaffeehaus, einer Einrichtung von gestern, liegen die Zeitungen von heute aus, da sitzen die Romantiker neben den neuen Machern, die einen mit dem Kunstführer, die anderen mit dem Smartphone. Das ist die typische Wiener Melange.

Top 10: Das müssen Sie gesehen haben

1 Stephansdom
S. 15 f., 92 ➡ H12
Österreichs wichtigstes gotisches Bauwerk, vom Nordturm aus hat man einen grandiosen Rundumblick auf die Dächer der historischen Stadt.

2 Hofburg
S. 20, 62 f. ➡ H/J10/11
Die prachtvollen Gebäude aus über 600 Jahren verkörpern das feudale Wien, als es noch als k.u.k. Metropole Mittelpunkt eines Vielvölkerstaats war. Ein Muss ist die Schatzkammer im Schweizerhof.

3 MuseumsQuartier Wien
S. 24 f., 76 f. ➡ J/K9/10
Der schönste Platz zum Flanieren, um Kunst zu genießen und danach in einem der Lokale zu speisen.

4 Albertina
S. 56 ➡ J11
Sie beherbergt eine der bedeutendsten und umfangreichsten Gemälde- und Grafiksammlungen der Welt, für Kunstinteressierte ist sie eine der ersten Adressen.

5 Sigmund Freud Museum
S. 84 ➡ F10
Der Vater der Psychoanalyse, die nicht nur eine Behandlungsform ist, sondern eine neue Sicht auf den Menschen eröffnete, hat die Zivilisationsgeschichte nachhaltig beeinflusst.

6 Belvedere
S. 99 ➡ L/M13
Nach seiner grundlegenden Restaurierung bricht das Schloss heute sämtliche Besucherrekorde und beherbergt neben einer barocken Kunstsammlung, die Kaiserliche Gemäldegalerie und das Museum mittelalterlicher österreichischer Kunst.

7 Karlsplatz/Karlskirche
S. 104 ➡ K11
An der Südseite des Platzes erhebt sich die barocke Karlskirche mit ihrem gewaltigen Kuppelbau, dem griechischen Tempelportikus, römischen Triumphsäulen und orientalischen Glockentürmen.

8 Prater
S. 106 ➡ F–L 15–18
Der Volks- oder *Wurstelprater* ist ein Paradies für Kinder und Junggebliebene. Die größte Attraktion der vielen Amüsierbetriebe und zugleich Wahrzeichen Wiens ist das Riesenrad von 1897. Ein herrlicher Park lädt zum Spazieren und Luftholen ein.

9 Schloss Schönbrunn
S. 108 ff. ➡ N–Q1–4
Die meistbesuchte Touristenattraktion Österreichs verdankt ihre Entstehung habsburgi-

schem Größenwahn. Das Schloss im Stil des Rokoko und der nach französischem Vorbild angelegte Park mit Blumenbeeten und Statuen bilden ein prachtvolles Gesamtensemble.

10 Spanische Hofreitschule
S. 111 ➡ H/J11
Das älteste Reitinstitut der Welt (seit 1572) bestreitet seine Vorführungen nur mit Schimmeln des Staatsgestüts Piber in der Weststeiermark.

Mein Wien
Lieblingsplätze des Autors

Lieber Leser,

dies sind einige besondere Orte in der österreichischen Metropole, an die ich immer wieder gern zurückkehre. Eine schöne Zeit in Wien wünscht Ihnen

Roland Mischke

Naschmarkt
S. 29, 176 ➡ K/L10
Im Bauch der Stadt. Der Naschmarkt gehört zu den schönsten Märkten weltweit, wenn er auch touristisch geprägt ist. Viele Köstlichkeiten auch zum Mitnehmen.

MAK – Museum für angewandte Kunst

S. 72 f. ➡ H13
Eines der abwechslungsreichsten Museen mit wechselnden, immer spannenden Ausstellungen.

Kaiserappartements
S. 84 ➡ H10/11
Sisis Eisenbahnwaggon, ihre Kleiderpracht und die Feile, mit der sie getötet wurde. Hier halten Menschen Andacht.

Altes Rathaus
S. 96 ➡ G11
Der neugotische Riesenbau mit einem 98 Meter hohen Turm besitzt einen wunderschönen Arkadenhof, in dem Freiluftkonzerte stattfinden; im Winter kann man hier Schlittschuh laufen.

Donauinsel
S. 184 ff. ➡ C/D 16/17, aA3–aD5
Das 700 Hektar große Naherholungsgebiet lockt mit Wasser und Badestrand auf 21,5 Kilometer Länge, mit Ruder- und Tretbooten, Wald und Wiesen.

U4 Pilgramgasse
Sperre/station closure:
04.02.2019 bis 31.01.2020
U1 U-Bahn-Linie
S-Bahn-Linie
Lokalbahn Wien-Baden
Kundenzentrum der Wiener Linien (U3 Erdberg)
Infostelle der Wiener Linien
Ticketstelle der Wiener Linien
Park & Ride
City Airport Train (Eigener Tarif, VOR-Tickets ungültig)
Flughafen Wien (Eigener Tarif)
Vienna International Busterminal
S40
Nußdorf
Heiligenstadt
U4
Oberdöbling
Krottenbachstr.
Gersthof
Hernals
Ottakring
U3
Kendlerstraße
Hütteldorfer Straße
Johnstraße
Schweglerstraße
Breitensee
Penzing
Westbahnhof
S50
Spittelau
Nußdorfer Straße
Währinger Straße Volksoper
Michelbeuern AKH
Alser Straße
Josefstädter Straße
Thaliastraße
Burggasse Stadthalle
Zieglerg.
Neubaug.
Jägerstraße
Dresdner Straße
Friedensbrücke
Roßauer
Franz-Josefs-Bahnhof
Schottenring
Schottentor
Rathaus
Herrengasse
Volkstheater
Museumsquartier
U2
S45
Purkersdorf-Sanatorium
Weidlingau
Hadersdorf
Wolf in der Au
S50
S80
U4
Hütteldorf
Ober St. Veit
Unter St. Veit
Braunschweiggasse
Hietzing
Schönbrunn
Meidling Hauptstraße
Längenfeldg.
Gumpendorfer Straße
Margaretengürtel
Pilgramgasse
Kettenbrückengasse
Niederhofstraße
Speising
Bahnhof Meidling
S1
Matzleinsdorfer Platz
Südtiroler Platz Hauptbahnhof
Hetzendorf
Atzgersdorf
Liesing
S2
S3
S4
Schedifkaplatz
Tscherttegasse
Schöpfwerk
Am Schöpfwerk
Gutheil-Schoder-Gasse
Alterlaa
Inzersdorf Lokalbahn
Erlaaer Straße
Neu Erlaa
Perfektastraße
Schönbrunner Allee
Vösendorf-Siebenhirten
Siebenhirten
U6
WLB Wiener Neudorf, Baden (Endstation)
Blumental
S60
© Wiener Linien, Jänner 2019
SCHNELLVERBINDUNGEN IN WIE
www.wienerlinien.at

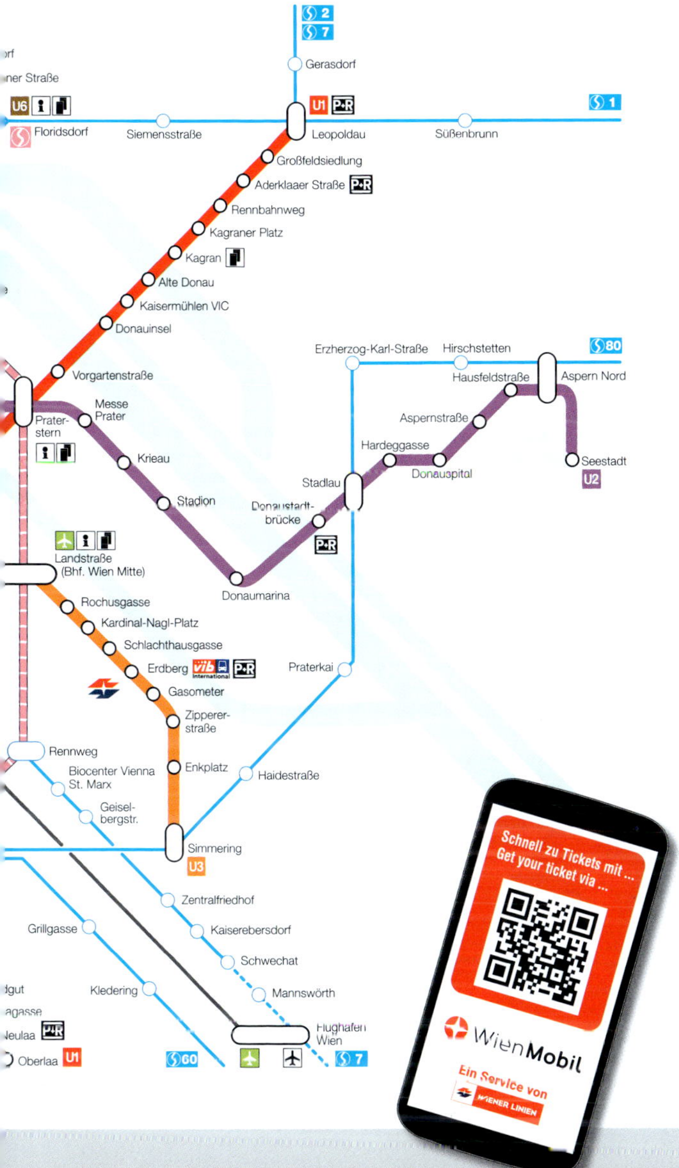

S 2
S 7
Gerasdorf
rf
ner Straße
U6
Floridsdorf
Siemensstraße
U1 P+R
Leopoldau
S 1
Süßenbrunn
Großfeldsiedlung
Aderklaaer Straße P+R
Rennbahnweg
Kagraner Platz
Kagran
Alte Donau
Kaisermühlen VIC
Donauinsel
Vorgartenstraße
Erzherzog-Karl-Straße
Hirschstetten
S 80
Hausfeldstraße
Aspern Nord
Messe Prater
Praterstern
Aspernstraße
Krieau
Hardeggasse
Seestadt
U2
Donauspital
Stadlau
Stadion
Donaustadtbrücke
P+R
Landstraße (Bhf. Wien Mitte)
Donaumarina
Rochusgasse
Kardinal-Nagl-Platz
Schlachthausgasse
Erdberg
vib international
P+R
Praterkai
Gasometer
Zippererstraße
Rennweg
Biocenter Vienna St. Marx
Enkplatz
Haidestraße
Geiselbergstr.
Simmering
U3
Zentralfriedhof
Kaiserebersdorf
Grillgasse
Schwechat
Kledering
Mannswörth
lgut
agasse
Neulaa P+R
Oberlaa U1
Flughafen Wien
S 60
S 7

Ein Rundgang durch Wien

Vormittag

Stephansplatz – Singerstraße – Schulerstraße – Bäckerstraße – Heiligenkreuzerhof – Fleischmarkt – Seitenstettengasse – Ruprechtsplatz – Judengasse – Hoher Markt – Salvatorgasse – Judenplatz – Am Hof – Freyung – Herrengasse – Michaelerplatz – Heldenplatz.

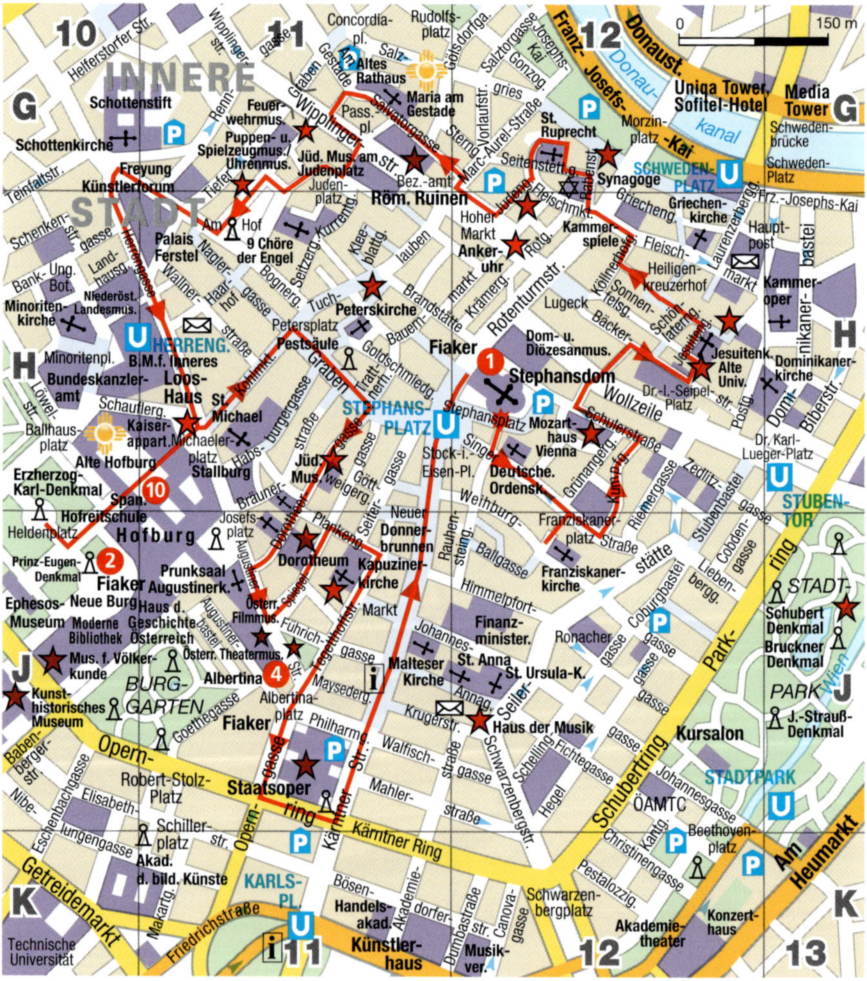

Das Wahrzeichen von Wien: der Stephansdom

Mittag

Restaurant Kanzleramt, Schauflergasse 6, ✆ (01) 533 13 09, www.kanzleramt.wien, Mo–Sa 10–23, Küche bis 22, So 10–20, Küche bis 19 Uhr.

Nachmittag

Michaelerplatz – Kohlmarkt – Graben – Dorotheergasse – Neuer Markt – Albertinaplatz – Staatsoper – Kärntner Straße – Stephansplatz.

Kaum eine zweite Metropole der Welt macht es ihren Besuchern so leicht wie Wien: Alles Sehenswerte liegt hier auf engem Raum beisammen und ist bequem zu Fuß zu erreichen. Der Rundgang beginnt am ❶ **Stephansdom** ➜ H12, dem weithin sichtbaren Wahrzeichen Wiens und von den Bürgern gern und liebevoll »Steffl« genannt. Der Monumentalbau wird optisch beherrscht vom bunt gedeckten Ziegeldach mit

Café in der Wiener Innenstadt

dem habsburgischen Doppeladler auf der Süd- und den Wappen der Stadt Wien und Österreichs auf der Nordseite. Das gotische Gotteshaus entstand etappenweise: Ab 1303 wurde der dreischiffige Hallenchor errichtet, dessen Netz- und Sternrippengewölbe von Bündelpfeilern gehalten wird. Ab 1359 erfuhr die Fassade eine Erweiterung und das Dach wurde steil nach oben gedrückt. Der 137 Meter hohe Südturm (Stephansturm) gilt als schönster Turm der europäischen Gotik neben dem des Freiburger Doms.

Das Kircheninnere beeindruckt mit der von Anton Pilgram geschaffenen Kanzel mit ihrem reichen Figurenschmuck und dem **Wiener Neustädter Altar**, einem gotischen Flügelaltar von 1447. Kaiser Friedrich III. und Prinz Eugen sind in dieser Kirche begraben. Unbedingt lohnt sich der Weg hinauf über 343 Stufen in die **Türmerstube**, von wo man im Norden und Westen die grünen Hügel des Wienerwalds, im Osten das Riesenrad des Praters und daneben die Türme von Uno-City und Donau-City betrachten kann. Auch der Blick über die Dächerlandschaft der Inneren Stadt, den einst von Befestigungsanlagen umgebenen Stadtkern, lohnt sich. Deutlich markiert ist das Stadtzentrum von der Ringstraße und ihrem Mittelpunkt, der Kärntner Straße zwischen Oper und Stephansplatz. Die Singerstraße führt ins Idyll des Gassenwirrwarrs, das Wien an dieser Stelle, südlich des Stephansplatzes, besonders prägt. Hier ist die kleinteilige Welt des Mittelalters, wenngleich aufgelockert, noch nahezu perfekt erhalten. Hinter der Grünangergasse biegt man rechts ab zum **Franziskanerplatz** ➡ H/J12 mit der gleichnamigen Kirche. Wieder zurück, geht es über Kumpfgasse, Schulerstraße und Wollzeile in die Bäckerstraße mit der **Universitätskirche** ➡ H12. Durch Jesuitengasse und Schönlaterngasse erreicht man den Heiligenkreuzerhof, einen wunderschönen barocken Platz, wie eine Oase eingelassen in die dicht bebaute Gassenwelt und nur durch eine Pforte zu betreten. Im Mittelalter hatte die Stadt hier ihr Zentrum, hier gab es Märkte wie den Fleischmarkt. Später erhielten die Häuser Innenhöfe mit Balkonen, sogenannten »Pawlatschen«.

Hinter der Rotenturmstraße tritt man ins Bermudadreieck ein mit seinen Bars und Kneipen um Seitenstettengasse und Rabensteig. Am Ruprechtsplatz steht die winzige **Ruprechtskirche** ➡ G12, um 740 gegründet und die älteste Kirche der Stadt. Der heutige Bau stammt aus dem 12. Jahrhundert, eines der Chorfenster besitzt die älteste Glasmalerei Wiens (13. Jahrhundert). Hier

Innenhof der Ruprechtskirche

Klassisches Repertoire am Graben: Straßenmusiker

befand sich einst das Salzamt, unten am Kanal gingen die Salzschiffe aus dem Salzkammergut vor Anker. Salz war zeitweise fast so kostbar wie Silber und Gold, konnte es doch zum Konservieren und natürlich zum Würzen von Lebensmitteln verwendet werden.

Die vielen Modeboutiquen in der **Judengasse** ➡ G/H12 bieten Schickes und Trendiges für Modefreaks. Dann folgt der **Hohe Markt**, wo am Haus Nr. 3 noch Reste der römischen Legionssiedlung Vindobona zu sehen sind. Die **Ankeruhr**, eine zehn Meter breite Jugendstiluhr, lässt täglich um zwölf Uhr mittags alle Stundenfiguren aufmarschieren. Die Salvatorgasse führt zur Kirche **Maria am Gestade** ➡ G11, die ihren Namen erhielt, weil sich hier einst das Steilufer eines Donauarms befand. Die Kirche aus dem 12. Jahrhundert bekam ihre heutige gotische Gestalt Ende des 14. Jahrhunderts. Die Innenstadt ist an dieser Stelle modern bebaut und weniger reizvoll. Vom Passauer Platz

Jugendstil von Franz Matsch: Ankeruhr am Hohen Markt

aus geht es zum **Judenplatz** ➡ G11. 1421 fand hier ein Pogrom statt (»Wiener Geserah«), 210 Menschen wurden verbrannt, Tausende Juden enteignet, vertrieben oder eingekerkert. Die erst im späten 16. Jahrhundert wieder entstandene jüdische Gemeinde wurde unter Ferdinand II. in die Leopoldstadt verwiesen. Zum Gedenken an den Holocaust wurde im Oktober 2000 das **Museum Judenplatz** eröffnet. Heute bestimmt die Gastronomie-Szene diesen zentralen Platz im Herzen des einstigen Ghettos.

Im ehemaligen Stadtpalais ist ein **Uhrenmuseum** ➡ H11 mit einigen Raritäten zu besichtigen, darunter eine astronomische Uhr, die für eine einzige Umdrehung 20 904 Jahre braucht.

Weiter geht es zur **Freyung** ➡ G/H11, einem der schönsten Wiener Plätze, weit und unregelmäßig und umgeben von imposanten Gebäuden. Dazu gehören die **Schottenkirche**, das **Palais Daun-Kinsky** mit eleganter Barockfassade (jüngst restauriert) und das mächtige **Palais Harrach** ➡ H10/11. Der Name »Freyung« geht übrigens auf das mittelalterliche Asylrecht des Schottenstifts zurück. Wer es in seine Mauern geschafft hatte, war vor Verfolgung geschützt. Das aufwendig sanierte **Palais Ferstel** bildet eine Passage zwischen Freyung und Herrengasse mit Geschäften, Modeboutiquen und Restaurants. Unter der Glaskuppel des Arkaden-Innenhofs lädt das legendäre **Café Central** – Eingang an der Herrengasse – zu einer Kaffeepause ein. In das einstige Künstler- und Literatencafé ließ sich der Dichter Peter Altenberg sogar seine Post schicken. Als Pappmachéfigur nimmt er dort noch heute seinen Stammplatz ein.

Die sich windende Herrengasse stellt dem Besucher noch das alte Wien vor. Wie viele Hofräte und andere Würdenträger mögen hier schon entlanggelaufen sein!

Am **Michaelerplatz** ➡ H11 mit der Wiener Hofburg wird es feudal. Doch zunächst betrachten wir das **Loos-Haus**, ein 1910/11 von Adolf Loos errichtetes, nacktes Gebäude, das Kaiser Franz Joseph »Haus ohne Augenbrauen« nannte. Das verletzte den Künstler tief, hatte er doch für sein futuristisches Projekt im Innersten der Inneren Stadt ein Lob des Hofes erwartet, stattdessen handelte er sich ein Magengeschwür ein. Im **Café Griensteidl**, im Sommer mit »Schanigarten«, trinkt man seinen *Großen Braunen* oder *Verlängerten* gemeinsam

Prunkvoll: Palais Ferstel

Am Michaelerplatz, im Hintergrund der Michaelertrakt der Wiener Hofburg

mit Journalisten und anderen Lohnschreibern, für die dieser Ort traditionell ein Treffpunkt ist.

Die 2 **Hofburg** ➡ H/J10/11, bis 1918 Machtzentrale des Habsburgerreichs, ist ein Konglomerat aus 19 Höfen, 18 Haupt- und Nebentrakten, Toren, Rundbögen, versteckten Gängen und mehr als 2500 Räumen. Generationen von Baumeistern wirkten fast ein halbes Jahrtausend lang am Bau dieser prunkvollen Residenz mit, viele Pläne wurden allerdings nie realisiert. Doch von aufwendiger Hofhaltung verstanden die Habsburger eine Menge: Sie tanzten und feierten mit Europas Hochadel bis in den Untergang hinein.

An die Hofburg schließt sich der **Heldenplatz** ➡ H/J10 an. Ursprünglich sollte das Gelände mit einem weiteren Flügel der Neuen Burg vor dem Burggarten bebaut werden, was jedoch nie geschah. So entstand mitten in der Innenstadt ein weiter Platz mit Grünflächen und den pompösen Reiterstandbildern des legendären Prinzen Eugen und des Erzherzogs Karl. Der Anblick von so viel Grün vor der barocken Hofburg ist faszinierend. Aus der Ferne grüßt über die Mauer des Volksgartens hinweg der schlanke Turm des Rathauses. Die Wiener sind um diese Stadtlandschaft zu beneiden, die vor allem im Sommer denn auch stark frequentiert ist. Das klassizistische **Äußere Burgtor** von 1824 am Eingang zum Heldenplatz erinnert an die Völkerschlacht bei Leipzig gegen die Napoleonischen Truppen.

Wir durchqueren den kaiserlichen Irrgarten und begeben uns zurück zum Michaelerplatz. Von dort geht es über den Kohlmarkt in die bürgerliche Stadt. Am 200 Meter langen und knapp halb so breiten **Graben** ➡ H11 finden sich einige der exklusivsten Geschäfte Wiens: Juweliere, Edelboutiquen und angesagte Modeläden. Die barocke **Dreifaltigkeitssäule** von 1692 in der Mitte des Grabens entstand aufgrund eines kaiserlichen Gelübdes im Pestjahr 1679 und wurde zum Vorbild vieler ähnlicher Monumente im Habsburgerreich. Einst bauten hier, im Schatten der Hofburg, Patrizier ihre Stadtpalais.

Durch die Dorotheergasse geht es vorbei am **Café Leopold Hawelka** ➡ H11, einer Wiener Kaffeehaus-Legende. Im Hotel gegenüber hat der Prager Schriftsteller Franz Kafka in den 1920er Jahren Unterschlupf gefunden. Ob er sich auch im Hawelka aufhielt, ist nicht verbürgt.

Das **Dorotheum** ➡ J11, einst eine schlichte Pfandleihe, ist heute ein umsatzstarkes Auktionshaus. Zwischen Dorotheergasse und Spiegelgasse liegt Wiens Antiquitätenviertel. Kostbarkeiten verschiedenster Stilrichtungen und Epochen sind in den Schaufenstern zu bewundern und für teures Geld zu erwerben.

Der monumentale **Donnerbrunnen** ➡ J11 von 1739 am Neuen Markt gilt als Hauptwerk des großen Barockbildhauers Georg Raphael Donner. Providentia bildet die Zentralfigur des Marmorbeckens, umgeben von den allegorischen Figuren der Flüsse Enns, March, Traun und Ybbs. Glücklichen Umständen ist zuzuschreiben, dass die vier nackten Brunnenfiguren gerettet wurden, die auf Geheiß der sittenstrengen Maria Theresia entfernt werden mussten. Sie sind heute im Barockmuseum im Unteren Belvedere zu sehen, die Figuren am Brunnen sind Bronzekopien.

Um die Ecke liegt der Eingang zur **Kapuzinergruft** ➡ J11 in der **Kapuzinerkirche**. Seit 1633 wurden hier die obersten Angehörigen des Habsburger Geschlechts beigesetzt. Während die Herzen der Habsburger Kaiser, Kaiserinnen und Erzherzöge in der Augustinerkirche und ihre Eingeweide im Stephansdom aufbewahrt werden, ruhen ihre Körper in den monumentalen Sarkophagen dieser weihevollen Gruft. Der Name der Kir-

Große Jugendstil-Auktion im Dorotheum 2003/04: Ein Highlight war die vergoldete Silberbrosche mit Lapislazuli (1907) von Josef Hoffmann

Vom Kohlmarkt blickt man auf die Alte Hofburg

che geht auf die Kapuziner zurück, die ab 1612 in die Stadt kamen und für die Kaiserin Anna 1618 ein Kloster gründete. Die Kapuziner waren kaisertreu und taten sich beim Kampf gegen die türkischen Belagerer Wiens durch Furchtlosigkeit hervor. Das Gebäude ist schlicht gehalten, gemäß den Regeln der Kapuziner (ein Franziskanerorden), und besitzt als Dekoration nur ein Fassadenfresko, das erst 1936 aufgetragen wurde. In der Kaiserkapelle befinden sich die Holzstatuen einiger Kaiser, in der Kreuzkapelle ein Altar und eine anrührende Pietà. Die Krypta beherbergt 138 Mitglieder des kaiserlichen Geschlechts, dazu eine Büste des letzten Kaisers Karl I. sowie den Sarg der letzten Kaiserin Zita.

In südlicher Richtung geht es weiter zum **Albertinaplatz** ➡ J11. Der Bildhauer Alfred Hrdlicka errichtete hier 1988 das **Denkmal gegen Krieg und Faschismus**.

Schließlich ist der berühmteste Ringstraßenbau erreicht: die **Staatsoper** ➡ J11. Eduard van der Nüll und August von Siccardsburg errichteten das Opernhaus 1861–69 im Stil der Renaissance. Nach schweren Kriegs-

Luftiger Barock in der Mitte des Grabens: die Pestsäule

Die Wiener Staatsoper

schäden konnte es 1955 wieder eröffnet werden. Eine Eintrittskarte für dieses populärste Haus österreichischer Kultur zu ergattern ist online rechtzeitig im Voraus kein Problem und an der Abendkasse gibt es die beliebten und günstigen Stehplatz-Karten. Die Staatsoper ist ein Hort, ja, ein Bollwerk der Hochkunst. Sie gilt mit der New Yorker Metropolitan Opera und der Mailänder Scala als eines der drei Top-Häuser weltweit, und die Wiener sind zu Recht stolz auf diese Institution, die auch äußerlich etwas hermacht.

Dabei hatten die beiden Architekten so viel Kritik einstecken müssen, dass der eine (van der Nüll) in den Selbstmord flüchtete und der andere bald darauf einem Herzinfarkt erlag. Die beiden konnten nicht verkraften, dass Kaiser Franz Joseph sich bei der Eröffnungsfeier abfällig über das Gebäude geäußert hatte.

Der Weg zurück zum Ausgangspunkt der Tour, zum Stephansdom, führt über den belebtesten Boulevard von Wien: Die autofreie **Kärntner Straße** ➡ H–K11 ist eine traditionelle Einkaufsstraße mit eleganten Luxusläden und noblen Geschäftsfassaden. Inzwischen haben sich hier auch Billigläden und Fastfood-Filialen angesiedelt, doch das mondäne Flair der Einkaufsmeile – mit vielen Bänken zum Ausruhen – hat sich erhalten. Das **Kaufhaus Steffl** reiht sich mit einem modernen Innenausbau fast nahtlos in die barocke Pracht, und in der verglasten Front des von Hans Hollein entworfenen Haas-Hauses spiegelt sich das farbige Dach des Stephansdoms. ■

MuseumsQuartier Wien

Zum Zeitpunkt seiner Fertigstellung 2001 der achtgrößte Kulturkomplex der Welt nimmt das MuQua mit 6 Hektar Fläche einen würdigen Platz neben dem Pariser Louvre und dem Londoner British Museum ein. Das 3 **MuseumsQuartier** ➡ J/K9/10 umfasst mehr als 40 Einrichtungen, die moderner und zeitgenössischer Kunst und Kultur Ausstellungsraum bieten. Der lang gezogene Innenhof bietet zusätzlich Platz für Gartenrestaurants, Cafés und Shops. So ist für mehr als 150 Millionen Euro nicht nur ein einzigartiges Ensemble entstanden, sondern ein ganz eigenes Viertel. »Wir gehen ins MuQua«, sagen die Wiener, wie sie in den 4. oder 8. Bezirk gehen.

Selbstverständlich, wie es zur österreichischen Hauptstadt nun passt, mit der längsten Barockfassade Wiens. Denn das Großprojekt bezieht die Nutzung umgewidmeter und im Inneren teilweise bis zur Unkenntlichkeit umgebauter historischer Gebäude ein. Hinter der 480 Meter langen, pudrigen Apricot-Fassade befanden sich die kaiserlichen Hofstallungen von 1718. 1922 wurden sie erst zum Messepalast umfunktioniert. Nach Umzug der Messe an den Prater wurde das Areal 1998 schließlich zum MuseumsQuartier umgebaut.

Das MuseumsQuartier wurde sorgsam aus gewachsener Bausubstanz entwickelt und ergänzt. Ein Glücksfall für Denkmalpfleger, aber auch für Befürworter der Moderne. Unter barocken Rundschornsteinen gibt es viel Stahl, Glas und Chrom, Lücken wurden geschickt

Mitmach-Ausstellung für Kinder im Mikroskopielabor des ZOOM Kindermuseums

Cafés im Innenhof des MuseumsQuartiers, kurz MuQua

gefüllt, moderne Übergänge raffiniert ins Traditionsraster eingeklinkt.

Und ringsherum lebt und atmet die Stadt mit der kleinteiligen Burggasse, dem Spittelberg mit seinen engen, gepflasterten Gassen und Biedermeierhäuschen und dem Einkaufsboulevard Mariahilferstraße. »Piazzali Viennese« wird das Museumsquartier genannt.

Kinder sind hier im **ZOOM Kindermuseum** ebenso gut aufgehoben wie passionierte Kunstpilger und Museumsmuffel. Für die Jüngsten gibt es Theater, Kindermuseum und Kabarett. Für Kunstinteressierte das **Leopold Museum** mit sehenswerter Muschelkalk-Fassade und Meisterwerken des Wiener Secessionismus, der Wiener Moderne und des österreichischen Expressionismus, darunter die weltweit größte Schiele-Sammlung sowie Werke von Klimt und Kokoschka.

Das **Museum Moderner Kunst/Stiftung Ludwig Wien,** gebaut von den Architekten Ortner & Ortner, beherbergt moderne und zeitgenössische Kunst. Den Grundstock bilden Werke der Klassischen Moderne, der 1960/70er Jahre sowie Installations- und Objektkunst aus der Stiftung des Aachener Ehepaares Ludwig.

Die Programmschwerpunkte der **KUNSTHALLE Wien** sind Fotografie, Installation, Video und Film internationaler zeitgenössischer Kunst.

Auf jene, die Museen in die Flucht treiben, werden mit Kino, Mode, Popsessions sowie von DJs und Performern andere Anziehungskräfte ausgeübt. Das MuQua

Aus gewachsener Bausubstanz modern entwickelt

MuseumsQuartier

Wien

Der schönste Eintritt ist der durch den Mittelrisaliten des Marstalls. Wer ihn durchschreitet, vor dem öffnet sich der weite Platz, der an seinen Längsseiten von historischen und an den Schmalseiten von modernen Bauwerken gesäumt ist. Nun ist man in einer Stadt in der Stadt. Das MuseumsQuartier, einer der zehn weltgrößten Kulturkomplexe mit 60000 Quadratmetern Fläche, nimmt einen würdigen Platz ein zwischen dem Pariser Louvre und der Berliner Museumsinsel. 40 Einrichtungen sind Kunst und Kultur verpflichtet, der langgestreckte Innenhof offeriert zusätzlich Platz für Restaurants, Cafés und Shops. Das Muqua, wie die Wiener sagen, wurde für 150 Millionen Euro aus Hinterlassenschaften der Habsburger gestaltet. Passend zu Wien mit einer 480 Meter langen apricotfarbenen barocken Fassade. Dahinter befanden sich einst die kaiserlichen Hofstallungen von 1718. Die noblen Vierbeiner der Majestäten schnabulierten Heu und wurden von livrierten Dienern gestriegelt.

Wiener MuseumsQuartier.

Die einzelnen Gebäude hinter der Fassade, alle Solitäre, sind nicht nur miteinander vernetzt, sondern auch durch Über- und Durchgänge, Gassen und Treppen, Feuerwehrleitern und Blickachsen mit angrenzenden Vierteln verbunden. Darin liegt der eigentliche Reiz: Das MuseumsQuartier wurde nicht wie ein überdimensionales Ufo zwischen Hofplatz und Heldenplatz an den Burgring gesetzt, sondern sorgsam aus gewachsener Bausubstanz entwickelt und ergänzt. Für Kinder gibt es das ZOOM Kindermuseum, für Kunstjünger das Leopoldmuseum mit einer Muschelkalk-Fassade und Meisterwerken des Wiener Secessionismus, der Moderne und des Expressionismus. Das Museum Moderner Kunst/Stiftung Ludwig, ein kubischer, mit Basaltlava ummantelter Bau, beherbergt eine der größten Sammlungen zeitgenössischer Kunst in Europa. Die Kunsthalle Wien ist ein Ausstellungsraum für internationale moderne Kunst. Aber auch die Wiener Festwochen sind hier untergekommen, das Filmfestival Viennale, ein Tanzquartier und das Architektur Zentrum Wien.

Info MuseumsQuartier: Museumsplatz 1/5, 1070 Wien, Tel. (01) 523 58 81, www.mqw.at. **Info ZOOM Kindermuseum:** Tel. (01) 524 79 08, www.kindermuseum.at, Öffnungszeiten Di–Fr 8.30–16, Sa/So und Ferien 9.45–16 Uhr, Eintritt Ausstellung Kinder frei, Erwachsene € 6, Atelier und Trickfilmstudio bis 14 J. € 7, Familienkarte € 17. **Info Leopoldmuseum:** Tel. (01) 52 57 00, www.leopoldmuseum.org, Öffnungszeiten tägl. außer Di 10–18, Do bis 21 Uhr, Eintritt € 14, ermäßigt € 10, Familien € 28. **Info Museum Moderner Kunst/Stiftung Ludwig:** Tel. (01) 52 50 00, www.mumok.at, Öffnungszeiten Mo 14–19, Di–So 10–19, Do bis 21 Uhr, Eintritt € 12, bis 18 J. frei, Do 18–21 Uhr € 8 inkl. Führung um 19 Uhr. **Info Kunsthalle Wien:** Tel. (01) 52 18 90, www.kunsthallewien.at, Öffnungszeiten tägl. außer Mo 11–19, Do bis 21 Uhr, Eintritt € 8, ermäßigt € 6, bis 18 J. frei.

hat sich angeschickt, zu Wiens neuer Mitte zu werden, ist doch hinter den Zuckerbäckerfassaden für ausreichend urbanes Entertainment gesorgt.

Die **Wiener Festwochen**, die **Viennale**, das **Architekturzentrum Wien** und das **Tanzquartier**, in dem mitnichten Walzer und Radetzkymarsch ertönen, sind hier zu Hause. In der einstigen Kaiserloge, von der aus Sisi dem Voltigieren zuschaute, während ihr schnurrbärtiger Gemahl mit seiner Schnupftabakdose beschäftigt war, kann man sich einen Sektkelch kommen lassen.

Den nicht nur großen, sondern auch stark verwinkelten Hof teilen sich Gastronomen, denen nachgesagt wird, sie hätten bei der Auswahl ihres Personals besondere Fürsorge walten lassen. Wie sonst ist erklärbar, dass das MuQua inzwischen zum Hotspot der Wiener Gastroszene geworden ist. Das Beste für den Besucher: Er hat die Qual der Wahl. Das »**Leopold**« versetzt Wiener Kaffeehaustradition in zeitgemäßes gediegenes Ambiente und bietet feine Austro-Küche. Das »**Una**« versteht sich als Kreuzungspunkt von Austauschfreudigen, denen Musikbedudelung beim Speisen unterm blütengekachelten Gewölbe ein Graus ist. Die »**Halle**« ist groß genug fürs Sehen- und Gesehenwerdenwollen-Publikum, hier stöckelt mal ein Model rein und Promis halten Hof. Die »**Kantine**« ist mehr Szene-orientiert und etwas günstiger. Deshalb wohl hocken hier die meisten Touristen nach der Kunstvisite.

In der warmen Jahreszeit zählt das MuseumsQuartier täglich rund 10 000 Besucher. Rund um die Uhr ist das Gelände zugänglich.

Angaben zu den einzelnen Museen und Restaurants im MuQua vgl. Vista Points, S. 74 f. ■

Das 14-tägige Filmfestival Viennale zieht bereits seit 1978 jedes Jahr Tausende Besucher an

Mariahilf

Wiens Bezirke pflegen ihre jeweiligen Eigenarten und Besonderheiten. Fragt man einen Mariahilfer nach seiner Herkunft, wird er niemals Wien allein nennen, sondern allenfalls zugestehen: Wien-Mariahilf. **Mariahilf** ➡ aC3 ist Wiens 6. Bezirk. Er grenzt direkt an die Innenstadt, aber kein Mariahilfer muss unbedingt dorthin, hat er doch im eigenen Stadtteil alles, was er braucht – neben properer Gastronomie auch Museen, eigene Theater und andere Kultureinrichtungen.

Und weil er hier wohnt, hält er die Kaffeehauskultur von Mariahilf für viel authentischer als die »Touristenabsteigen« im historischen Stadtzentrum. Die Aushängeschilder sind das **Café Sperl** ➡ K10 (1880 eröffnet) an der Gumpendorfer, das **Café Ritter** ➡ K9 (Ende 19. Jh.) an der Mariahilfer Straße und das **Café Eiles** ➡ H9 (1840) an der Josefstädter Straße 2, die bereits zur Josefstadt (8. Bezirk) gehört. Hierhin geht man und frau, um sich zu verköstigen, sich zu unterhalten, zu flirten, zu konspirieren und sich im Fach Menschenkunde weiterzubilden.

Otto-Wagner-Haus an der Linken Wienzeile 38 im Bezirk Mariahilf

Luftaufnahme vom Haus des Meeres über den Bezirk Mariahilf

Wie Adern durchziehen Häuserzeilen mit Geheimgängen und verschiedenen Abzweigungen den Bezirk. Wo die Grenzen zu den sich anschmiegenden Bezirken Neubau und Josefstadt genau verlaufen, wissen allein die ganz gescheiten Einheimischen.

Mariahilf ist ein Stadtteil mit Hanglage – mit dem basarartigen Gewimmel des **Naschmarkts** ➡ K/L10, verschlungenen Gassen und Nischen, mit Kulis, die Reissäcke stapeln wie vor 100 Jahren, mit Kleinwinzern und einer ausgeprägten Handwerkerzunft, zu der sogar Silber- und Goldwirker und Edelsteinschleifer gehören. Der Einzelhandel hat hier angestammtes Heimrecht: Metzger, Bäcker und Gemüsehändler sind hoch geschätzte Persönlichkeiten, und Kneipiers residieren in ihren Schankräumen wie in Königreichen. Niemand ist ohne Bleibe, und die zwischenmenschliche Solidarität funktioniert noch.

Eine der großen Gestalten des Wiener Jugendstils: Otto Wagner

Architektur der Moderne

Wien war schon immer ein Experimentierfeld der Städteplanung und Architektur. Und ist es noch heute. Nachdem im 19. Jahrhundert die militärische Bedeutung abnahm und die Stadt an der Donau ihr Wehrhaftes in Gestalt von Basteien, Schutzwällen und Türmen verlor, schlug sie unter Kaiser Franz Joseph den Weg zu einer modernen Metropole ein. An Stelle der Befestigungsanlagen und der alten Stadtmauer entstand in einem einmaligen städtebaulichen Projekt die **Ringstraße** mit neuen Prunkbauten als Symbol des Wohlstands und städtischen Selbstbewusstseins. Die neuen Gebäude der Universität und des Burgtheaters galten in ihrer Zeit als ungemein fortschrittliche Bauten.

Mit Otto Wagner, der 1893 Professor an der Akademie der Bildenden Künste wurde, kam es zum Durchbruch der Wiener Moderne. Wagner, geistiger Führer der **Wiener Secession**, schuf beispielhafte funktional-schöne Bauten wie die Postsparkasse, die Kirche am Steinhof, die Stadtbahn und die Schleusenanlage am Donaukanal. Aus der Stadt der Handwerker wuchs eine industriell orientierte Großstadt. Wagner wollte Wien gar zur »Welthandelsmetropole« ausbauen, aber die Utopien zerbrachen mit dem Untergang der Monarchie 1918. Doch hat er die Stadt des Fin-de-Siècle geprägt wie kein anderer Baumeister.

Im 20. Jahrhundert avancierte Wien zum Modellfall für den sozialen Wohnungsbau. Allein 1923–33 entstanden 65 000 Gemeindewohnungen in »Super-

Die andere Wiener »Burg«: das Burgtheater an der Ringstraße

Eine Stadt als Experimentierfeld

ARCHITEKTUR DER MODERNE

Wien

Sogar aus Amerika und Australien pilgern Architekturfans nach Wien. Die Stadt ist seit Mitte des 19. Jahrhunderts ein Experimentierfeld der urbanen Planung und hat viele Städte beeinflusst. Vor allem die Ringstraßenarchitektur wurde vielerorts übernommen, etwa von der ungarischen Hauptstadt Budapest. In Wien konnte sie erst entwickelt werden, nachdem die militärische Bedeutung abnahm und die Stadt ihr Wehrhaftes in Gestalt von Basteien und Schutzwällen abbaute. Unter Kaiser Franz Joseph schlug sie konsequent den Weg zur modernen Metropole ein. In einem einmaligen städtebaulichen Kraftakt entstand die Ringstraße mit neuen Prunkbauten als Symbol des Wohlstands und städtischen Selbstbewusstseins.

Die neuen Gebäude der Universität und des Burgtheaters galten damals als äußerst fortschrittliche Baukörper. Mit Otto Wagner, seit 1893 Professor an der Akademie der Bildenden Künste, kam es zum Durchbruch der Wiener Moderne. Er war der geistige Führer der Wiener Secession, schuf beispielhafte funktional-schöne Bauten wie die Postsparkasse, die Kirche am Steinhof, die Stadtbahn, U-Bahnhöfe und die Schleusenanlage am Donaukanal. Aus der Stadt der Handwerker wuchs eine Industriegroßstadt.

Wagner wollte Wien gar zur Welthandelsmetropole ausbauen, aber mit dem Untergang der Monarchie 1918 zerbrachen die Utopien. Im 20. Jahrhundert avancierte Wien zum Modellfall für den sozialen Wohnungsbau. Zwischen 1923 und 1933 entstanden 65 000 Gemeindewohnungen in sogenannten Superblocks. Der Karl Marx-Hof in Döbling z. B. ist eine eigene Stadt mit Ehrenhof und mächtigen Toren, die ihren Bewohnern Würde verlieh. Großzügig und grün sind die Innenhöfe, mit einem klar organisierten Gemeinwesen, mit Kindergarten,

Kirche am Steinhof von Otto Wagner in Wien: erster Kirchenbau der Moderne in Europa.

Bibliothek, Wäscherei, Zahnklinik, Krankenkasse, Jugendheim und Postamt. In den 1980er Jahren setzte eine neue Gründerzeit ein.

Wien prunkt heute mit Bauzitaten und feiert seinen Stilpluralismus. In die barocke Innenstadt schiebt sich moderne Architektur vor, wie das von Hans Hollein entworfene Haas-Haus mit seinem verspiegelten Erker gegenüber dem Stephansdom und der seit 1996 neu entstehende Stadtteil Donau-City. Das städtebauliche Experimentieren geht weiter.

Im Architekturzentrum Wien, Österreichs Architekturmuseum, finden aktuelle Ausstellungen und Veranstaltungen zum Thema statt.

INFO ARCHITEKTURZENTRUM WIEN: Museumsplatz 1, Hof 7, Tel. (01) 522 31 15, www.azw.at, Öffnungszeiten tägl. 10–19 Uhr, Eintritt € 9, ermäßigt € 7, bis 5 J. frei.

Karl-Marx-Hof, der berühmteste der Wiener Gemeindebauten aus den 1930er Jahren

blocks«, wie die Wohnblöcke genannt wurden. Der ab 1926 errichtete **Karl-Marx-Hof** ➡ F7/8 in Döbling ist gar eine eigene Stadt mit Ehrenhof und mächtigen Toren, die ihren Bewohnern Würde verlieh. Großzügig und grün sind die Innenhöfe, mit einem klar organisierten Gemeinwesen, mit Kindergarten, Bibliothek, Wäscherei, Zahnklinik, Mutterberatungsstelle, Krankenkasse, Jugendheim und Postamt. Die kürzlich sanierte Anlage ist immer noch eine Pilgerfahrt wert. Bald darauf entstand die **Werkbundsiedlung** ➡ aC2 in Hietzing, an der Josef Frank und Adolf Loos mitbauten, kühne Futuristen in ihrer Zeit.

Als der Faschismus über Österreich hereinbrach, war es mit dem freien Bauen vorbei. Wien fiel in die Provinzialität zurück, aus der es sich erst Anfang der 1980er Jahre wieder befreien konnte. Die Stadt labte sich an der Postmoderne, prunkte mit bildungsbürgerlichen Bauzitaten und feierte ihren Stilpluralismus. Nach 1989, als es sich plötzlich wieder in der Mitte Europas fand, setzte eine neue Gründerzeit ein.

Heute geschieht Unwahrscheinliches. In die barocke Innenstadt schiebt sich moderne Baukunst, und die Wiener hören langsam auf zu hämen. Wie lange galt das **Haas-Haus** ➡ H11 gegenüber dem Stephansdom als Schandfleck! An die Gestade der Donau wird eine zweite Stadt gebaut – die **Donau-City**. Stillgelegte Industrieanlagen, verwaist und grasüberwuchert, werden revitalisiert und vor allem von der Szenekultur umstandslos in Besitz genommen. Die Wagnerschen Stadtbahnbögen, jahrzehntelang heruntergekommen, sind bestes Beispiel dafür. Wien nutzt sein Gestern und baut es um für morgen. Wer mit wachen Augen durch die Stadt geht, wird das überall wahrnehmen.

Haas-Haus des österreichischen Stararchitekten Hans Hollein gegenüber dem Stephansdom

Der sogenannte Ringstraßenstil

WIENER RINGSTRASSE

Wien

Ein US-Amerikaner wollte der Sache auf den Grund gehen. Der Musikverein residiert in einem Neorenaissancegebäude an der Ringstraße, die Akustik des Gebäudes gilt als einzigartig. Der Akustikexperte wollte das Geheimnis des Wohlklangs ergründen. Mit umfangreichen Messungen und Vergleichen wies er nach, dass der Goldene Saal der bestgeeignete Raum für Musik auf der ganzen Welt sei. Dennoch fand er das Geheimnis der überwältigenden Wirkung des Resonanzkörpers nicht heraus. Schließlich führte er es konsterniert auf die 36 Karyatiden zurück, gemalte Mädchengestalten.

Die 4,5 Kilometer lange Ringstraße zeigt an und in den Gebäuden viele solcher Dekorationsfiguren. Die teils privaten, teils öffentlichen Bauten imitieren sämtliche Baustile früherer Zeiten, von der griechisch-römischen Antike über die Kathedralengotik, Renaissance und Barock bis zu allerlei Stilmischungen des Historismus. Das Ganze repräsentiert den sogenannten Ringstraßenstil. Als städtebauliches Gesamtkunstwerk ist der Ring weltweit einmalig. Zwar gibt es anderswo breitere Straßen und noch mehr pompöse Gebäude, aber nirgendwo in dieser Länge und Fülle. Der Prachtboulevard umgürtet das historische Zentrum und mündet am Ufer des Donaukanals an zwei Stellen in den Franz-Josefs-Kai.

Es war ein mutiger Befehl, mit dem Kaiser Franz Joseph 1857 anwies, Wiens alte Befestigungsanlage zu schleifen und an ihrer Stelle die Ringstraße zu errichten, Wiens größtes Bauprojekt im 19. Jahrhundert. Das Grundkonzept der Bebauung stammt von Ludwig Forster, mehrere Architekten wurden beauftragt, in je ihren historischen Stilen Gebäude zu entwerfen. Der Ring wurde in vier Zonen aufgeteilt: Neben Kultur und Handel sollten Bankwesen und vornehme Wohnhäuser angesiedelt sein. Die Bebauung dauerte bis Mitte der 1880er Jahre. Der Wiener Historismus etablierte sich kraftvoll in seinen historisierenden Formen, auch wenn diese nicht unumstritten waren und schon während der Bauarbeiten als nicht mehr zeitgemäß galten. Als überholt wurden vor allem opernhaft inszenierte Kompositionen empfunden. Die Großbauten sollten weithin Größe und Macht des Habsburgerreichs verkünden, die dazwischen aufgestellten Denkmäler, meist von Gartenanlagen umgeben, seine Geschichte verherrlichen. Das Rathaus ist neugotisch, Staatsoper und andere Kulturbauten folgen der Neorenaissance, Universität, Burgtheater, zwei Museen und das Börsenviertel sind neobarock.

INFO WIENER RINGSTRASSE: Entlang des Rings fahren die Straßenbahnlinien 1 oder 2 (Ring-Linien).

Ein Tempel der Musik: der Musikverein am Kärntner Ring.

Baden bei Wien

Vergleicht man ein hübsch restauriertes historisches Haus mit einer Praline, so ist **Baden** ➡ südl. aD3, 25 km südlich von Wien gelegen, eine volle Ladung an Süßigkeiten. Schon 1795 bedichtete der Poet Moritz Gottlieb Saplier das Städtchen an den Ausläufern des Wienerwaldes: »Ein Städtchen, aus der Luft gesponnen, ein kleines Wien in Aquarell.«

Ein Kurpark voller weißer Bänke auf gusseisernen Pfoten. Das zweitgrößte Casino Europas. Operetten-Schmalz vom Feinsten in Sommer-Arena und Stadttheater. Ein Art-déco-Thermalbad mit Österreichs größtem Sandstrand – der Römertherme. Acht Golfanlagen. Das garantiert ein perfektes Wohlfühlprogramm.

Baden ist eine perfekte Biedermeier-Idylle. Hinter der Kulisse versteckt sich allerdings hochmoderne Infrastruktur, das hat Baden zu einer der vermögendsten Kommunen Österreichs gemacht. 1934 eröffnete das **Spielcasino** – ein massives Kuppelgebäude, nachts bestrahlt wie ein Märchenschloss, inzwischen zum Veranstaltungszentrum aus- und umgebaut. Davor stehen Palmen, denn Baden hat ein besonderes Mikroklima.

Aus der Pannonischen Tiefebene kommt Wärme, die Flanken des Wienerwaldes schützen vor eisigen Winden der Alpen. Deshalb kann aus den Trauben sogar Rotwein hergestellt werden. Beethoven, der fast drei Jahre hier lebte, war von den Tropfen begeistert. Aber nicht alle Badener von Beethoven.

Der Bonner Komponist nahm um 1820 die Fitness-Welle vorweg, lief zerlumpt und keuchend durch den Wienerwald, schrieb Noten auf Steine, sang laut, bis die Gendarmerie ihn festnahm und Gönner ihn

Das Spielcasino Baden ist in einem massiven Kuppelgebäude untergebracht

Aus der Luft gesponnen

Baden bei Wien

Baden, Niederösterreich

Vergleicht man ein hübsch restauriertes historisches Haus mit einer Praline, so ist Baden, 35 Kilometer südlich von Wien, eine volle Ladung an Süßigkeiten. Schon 1795 bedichtete der Poet Moritz Gottlieb Saplier den Ort an den Ausläufern des Wienerwalds: »Ein Städtchen, aus der Luft gesponnen, ein kleines Wien in Aquarell.« Baden ist eine perfekte Biedermeier-Idylle, doch hinter der anheimelnden Kulisse versteckt sich eine effiziente Infrastruktur, die Baden zu einer der vermögendsten Kommunen gemacht hat.

Der Kurpark ist voller weißer Bänke auf gusseisernen Pfoten. Das zweitgrößte Kasino Europas, 1934 eröffnet, präsentiert sich als massives Kuppelgebäude, nachts bestrahlt wie ein Märchenschloss. Es ist zugleich Kongress- und Veranstaltungszentrum und davor stehen Palmen – Baden hat ein besonderes Mikroklima. Aus der Pannonischen Tiefebene kommt Wärme, die Flanken des Wienerwalds schützen vor eisigen Alpenwinden. Aus den Trauben kann sogar Rotwein hergestellt werden. Beethoven, der fast drei Jahre in Baden lebte, war von den Tropfen begeistert. Aber nicht alle Badener von Beethoven.

Der Bonner Komponist lief keuchend und schlecht gekleidet durch den Wienerwald, schrieb Noten auf Steine, sang laut, bis die Gendarmerie ihn festnahm und Gönner ihn auslösen mussten. Er bändelte mit Weibsbildern an und war bekannt als Zechpreller. Aber in Baden vollendete er die Neunte Symphonie, seit 1992 ist »Freude, schöner Götterfunken« die europäische Hymne. Im Kurpark steht ein Beethoventempel.

Die Pestsäule in Baden bei Wien.

Die Römerquelle wälzt täglich sieben Millionen Liter Wasser in das Rohrleitsystem, das Bäder und Hotels versorgt. Das Wasser ist gut für den Bewegungsapparat, gegen Rheuma und verbessert die Cholesterinwerte. Im Art-déco-Bad Römertherme kann in heißem, schwefelhaltigem Wasser geplantscht werden, außerdem gibt es verschiedene Schwimmbecken und Saunen. Erstes Haus am Platz ist der »Herzoghof« am Kasino, ein denkmalgeschütztes Biedermeier-Hotel.

Info: Baden liegt ca. 35 km südlich von Wien. **Info Baden:** Tourist Information, Brusattiplatz 3, 2500 Baden, Tel. (022 52) 868 00 600, www.tourismus.baden.at. **Info Spielkasino:** Kaiser-Franz-Ring 1, Baden, Tel. (022 52) 444 96, www.casinos.at, Öffnungszeiten tägl. 15–3 Uhr, keine Bekleidungsvorschriften. **Info Römertherme:** Brusattiplatz 4, Baden, Tel. (022 52) 450 30, www.roemertherme.at, Öffnungszeiten tägl. 10–22 Uhr. **Info Stadthotel Herzoghof:** Kaiser-Franz Ring 10, Baden, Tel. (022 52) 872 97, www.hotel-herzoghof.at. Preise auf Anfrage.

Biedermeierbauten säumen die Badener Straßenzüge

auslösen mussten. Er musste im Ort mehrmals umziehen, weil er überlaut Klavier spielte. Er bändelte mit Weibsbildern an, aber jedes lief ihm davon. Und ein Zechpreller war er auch. In Baden wurde viel gelacht über den komischen Kauz.

Aber Beethoven hat hier die Neunte Sinfonie vollendet – seit 1992 ist »Freude, schöner Götterfunke« die europäische Hymne – und ein einziges Mal im Kurpark dirigiert. So fabelhaft, dass ihm die Badener alles verziehen und dort einen **Beethoventempel** bauten, der leicht erhöht liegt und gute Aussicht bietet. Im Sommer erklingen dort täglich Kurkonzerte.

Auch Mozart war da, noch öfter seine Frau Constanze, über deren Kurschatten ständig getratscht wurde. Sie brauchte die Schwefelquellen, 36 °C warm, die mit eigenem Druck aus dem Dolomitgestein schießen und ideal der Temperatur des menschlichen Körpers angepasst sind.

Die **Römerquelle**, die in römischer Zeit entstand, wälzt unter dem Casino täglich sieben Millionen Liter Heilwasser in das Rohrleitsystem, das Bäder und Hotels versorgt. Es ist gut für den Bewegungsapparat, gegen Rheuma und verbessert die Cholesterinwerte. Obwohl es nach faulen Eiern riecht!

Erstes Haus am Platz ist der **Herzoghof** direkt an Kurpark und Kasino. Das denkmalgeschützte Biedermeier-Hotel steht exakt dort, wo einst der Hof der Babenberger stand, 1258 urkundlich erwähnt. Wer hier logiert, wohnt direkt an den Ursprüngen des Städtchens. Das Restaurant bietet ordentliche österreichische Küche. (Vgl. Erleben & Genießen, S. 114)

*Die Donau Rich-
tung Wien*

Klosterleben im Wienerwald

Zisterzienserabtei Heiligenkreuz

Heiligenkreuz im Wienerwald, Niederösterreich

Es regnete und war bitterkalt, als Benedikt XVI. an einem Sommertag 2007 in den Wienerwald kam. Vorher hatte man genau geprüft, ob das Papamobil durch das enge Wiener Tor passen würde, das die Einfahrt zum Stift Heiligenkreuz bildet. Es war das erste Mal in der fast 900-jährigen Geschichte des Zisterzienserstifts, dass ein Papst es besuchte – eine große Ehre. Die Anlage war saniert und frisch gestrichen worden, selbst die Felder waren nicht gepflügt und dort war ein Zelt aufgestellt worden. 200 000 Menschen wollten den damaligen Papst sehen.

Heiligenkreuz hat die zweitälteste Zisterzienserabtei Österreichs, benannt nach der Kreuzreliquie, die Herzog Leopold V. dem Kloster schenkte. Das Stift besteht als einziges Zisterzienserkloster des Alpenlands ununterbrochen seit seiner Gründung im Jahr 1133 durch Mönche aus Morimond.

Bei einem Besuch erhält man erstaunliche Einblicke in heutiges Klosterleben. Bekannt sind etwa die Chorgebete zur Mittagszeit, an denen Zuhörer teilnehmen können. Viele ahnen allerdings nicht, dass die Mönche ihr Leben mit Einnahmen aus Forstwirtschaft, Weinbau und Tourismus finanzieren. 16 000 Hektar Land gehören zum Stift. Das Holz wird in einem eigenen Sägewerk verarbeitet. Geld kommt auch von der Pacht für Jagdgebiete und von Immobilien herein. Die Kuttenträger führen einen modernen Wirtschaftsbetrieb. Dazu gehört auch der Wein: Österreichs zweitältestes Weingut, das Freigut Thallern, wird vom Stift betrieben. Der Papst hat den Rotwein bei seiner Visite verkostet. Direkt im Stift versorgen Klostergasthof und Kellerstüberl rund 170 000 Touristen pro Jahr. Etwa 5000 davon nehmen eine Kammer im Kloster, um für einige Tage zur Ruhe zu kommen.

Zisterzienserabtei Stift Heiligenkreuz.

An der dreischiffigen Stiftskirche finden sich romanische wie gotische Elemente; die Glasfenster leuchten seit 1300 im Sonnenlicht, den Kreuzgang durchweht meditative Stille. Bei einer Führung durch das Kloster sieht man den Arbeitssaal der Mönche, der Teile der Wandbemalung aus dem 13. Jahrhundert aufweist.

Info: Heiligenkreuz liegt ca. 27 km südwestlich von Wien. **Info Zisterzienserabtei Heiligenkreuz:** Klosterpforte, 2532 Heiligenkreuz im Wienerwald, Tel. (022 58) 870 30, www.stift-heiligenkreuz.org. Eine Besichtigung ist nur im Rahmen einer Führung möglich. Führungen Mo–Sa 10, 11, 14, 15, 16, So/Fei 11, 14, 15, 16 Uhr, Eintritt € 9, 50, ermäßigt € 5, 50.

Keimzelle der Kultur

STIFT KLOSTERNEUBURG

Klosterneuburg, Niederösterreich

Schon von Weitem sind die schlanken Türme der Stiftskirche zu sehen. Je näher man dem Ziel dann kommt, desto eindringlicher präsentiert sich die barocke Wucht der Anlage. In den Blick rücken der Kaisertrakt mit monumentalen Säulen, die riesige Kuppel mit der Habsburger Reichskrone obenauf. Anfang des 18. Jahrhunderts hatte auf Geheiß von Kaiser Karl VI. eine kolossale Neugestaltung der mittelalterlichen Anlage begonnen. Der Kaiser wollte das Stift in eine herrschaftliche Klosterresidenz verwandeln – nach dem Vorbild des Escorial in der Nähe von Madrid.

Nach dem unerwarteten Tod des Kaisers 1740 wurden die Bauarbeiten eingestellt. Karls Thronfolgerin, Maria Theresia, hatte kein Interesse an dem Projekt. Zwar nahm man das Bauvorhaben im 19. Jahrhundert noch einmal auf, doch die hochfliegenden Pläne Karls VI. blieben letztendlich unvollendet. Dennoch beeindrucken die barocken Kaiserappartements mit prunkvoller Ausstattung. Zu den Highlights einer Besichtigung gehört außerdem die Stiftskirche, ursprünglich im romanischen Stil errichtet, später prunkvoll barockisiert. Eindrucksvoll ist der Kreuzgang, der noch aus dem Mittelalter stammt. Mit dem Verduner Altar birgt die Kirche, in der Leopold begraben liegt, einen Kunstschatz allererster Güte – das Werk wurde im 12. Jahrhundert von Nikolaus von Verdun geschaffen. Flüssiges Kulturgut lagern die Chorherren im barocken Weinkeller. Das Weingut von Klosterneuburg ist das älteste im ganzen Land.

Dass Karl VI. ausgerechnet Klosterneuburg zu seinem Escorial machen wollte, hatte wesentlich mit dem Klostergründer zu tun, dem heiligen Leopold, den die Habsburger als großen Kulturstifter verehrten. Markgraf Leopold III. (1073–1136) hatte sich zu Beginn des 12. Jahrhunderts nicht nur eine neue Burg, sondern eine Stiftskirche bauen lassen und den Orden der Augustiner Chorherren 1133 an diesen, unweit von Wien gelegenen Ort geholt. Wie sich Klosterneuburg schließlich zu einem Zentrum des religiösen, wirtschaftlichen und sozialen Lebens entwickelte, konnte der Markgraf jedoch nicht mehr miterleben. Er starb 1136, vermutlich durch einen Jagdunfall. 1485 wurde er heiliggesprochen, später avancierte er zum österreichischen Landesparton.

INFO: Klosterneuburg liegt gut 10 km nordwestlich von Wien. **INFO STIFT KLOSTERNEUBURG:** Stiftsplatz 1, 3400 Klosterneuburg, Tel. (02243) 411 0, www.stift-klosterneuburg.at, Öffnungszeiten Mai–Mitte Nov. tägl. 9–18, Mitte Nov.–April 10–16 Uhr, Eintritt € 9, mit Führung € 11.

Der Escorial bei Madrid war das Vorbild für Stift Klosterneuburg.

Pompeji bei Wien

Römerstadt Carnuntum

Petronell-Carnuntum, Niederösterreich

Cäsar und Konsorten gibt es nicht nur bei Asterix und Obelix. Marc Aurel war hier, Septimius Severus wurde gar 193 n. Chr. an diesem Ort zum neuen römischen Kaiser ausgerufen. In seiner Hochzeit hatte Carnuntum an der Donau 50000 Einwohner. Die einstige Hauptstadt der römischen Provinz Oberpannonien war eine der bedeutendsten römischen Siedlungen nördlich der Alpen. Der deutsche Historiker Theodor Mommsen schwärmte vor 100 Jahren: »Die Wiener haben ein Pompeji vor ihren Toren …«

Das Museum Carnuntinum zeigt Fundstücke aus Carnuntum und Umgebung und zählt zu den bedeutendsten seiner Art in ganz Österreich. Einen spannenden Einblick sowohl in die Römerzeit als auch die Arbeit der Archäologen bietet das weltweit einzige rekonstruierte Römische Stadtviertel in Petronell-Carnuntum. Mit den Mitteln der experimentellen Archäologie kamen hier originalgetreue Materialien und nachgebildete Werkzeuge der Antike zum Einsatz. Insgesamt vier Gebäude konnten so an Originalstandorten rekonstruiert werden, von der Fußbodenheizung über das Mobiliar bis zu den Wandmalereien entspricht auch die Ausstattung ganz den Gegebenheiten des 4. Jahrhunderts n. Chr., das beispielhaft für die gesamte Siedlungsepoche vom 1. bis 5. Jahrhundert n. Chr. steht. Zwei Amphitheater und die Trainingsarena der Gladiatoren legen Zeugnis von der Existenz antiker Arenakämpfe in Carnuntum ab. Besonders beeindruckend ist das Heidentor. Das Wahrzeichen Carnuntums ist weithin sichtbar und wurde vermutlich in der Regierungszeit Kaiser Constantius II. Mitte des 4. Jahrhunderts als vierpfeiliges Triumphalmonument errichtet.

Sie ließen es sich hier gut gehen, die Römer. Carnuntum war eine Weinregion, das wussten sicherlich auch die Südländer zu schätzen. Und das ist es noch heute, das Anbaugebiet grenzt an den Osten Wiens, sein Mittelpunkt ist Göttlesbrunn. Ein Dorf, in dem jede Familie einen Weingarten hat und das trotzdem außerhalb Wiens kaum bekannt ist. Weißer und roter Wein von hoher Qualität wird hier produziert.

»Römisches Leben« in Petronell-Carnuntum.

Info: Petronell-Carnuntum liegt ca. 43 km östlich von Wien. **Info Römerstadt Carnuntum:** Hauptstr. 1 A, 2404 Petronell-Carnuntum, Tel. (021 63) 337 70, www.carnuntum.at, Öffnungszeiten Mitte März–Mitte Nov. tägl. 9–17 Uhr, Eintritt € 12, ermäßigt € 10, Kinder € 6.

Ein Museum für den Frühvollendeten

EGON SCHIELE MUSEUM

Tulln an der Donau, Niederösterreich

Er war gerade zum Star der Wiener Szene avanciert, da klopfte der Tod an seine Tür. Am Ende des fürchterlichen Ersten Weltkriegs, den Egon Schiele in Uniform verbrachte, kam eine grausame Grippeepidemie über Europa. Schieles schwangere Frau starb an der Spanischen Grippe und Schiele kurz darauf, erst 28 Jahre jung.

Egon Schiele (1890–1918) wurde im Gebäude des Hauptbahnhofs Tulln geboren, sein Vater war Eisenbahner. Bekannt geworden ist er durch seine provozierenden Akte vor allem von Frauen und Kindern, durch die knöcherne Darstellung des menschlichen Körpers und seine Landschaftsbilder. Schiele, der im nahen Wien an der Akademie der Künste studiert hatte, galt als Frühvollendeter, seine bildnerische Technik war bereits vollkommen ausgereift. Heute werden seine Werke auf Auktionen zu Höchstpreisen versteigert, in seiner Zeit ließ der Ruhm auf sich warten.

Das Bürgertum fühlte sich von Schieles derb-naturalistischer Darstellung des Körpers abgestoßen, eine Zeit lang war der Maler wegen Unsittlichkeit im Gefängnis. Im ehemaligen Gefängnisgebäude des Bezirksgerichts Tulln ist heute das Schiele Museum untergebracht. Es enthält in seiner ersten Abteilung eine ausführliche Darstellung von Leben und Gesamtwerk, in der zweiten Abteilung sind sein Reifungsprozess und künstlerischer Durchbruch dokumentiert, mit 90 Originalzeichnungen und frühen Gemälden. Eine Zelle des Gefängnisses in Neulengbach, in der Schiele kurzzeitig festgehalten worden war, ist nachgebildet worden.

Tulln am rechten Donauufer gehört zu Österreichs ältesten Städten. Es war Sitz des römischen Militärlagers Comagena; zwei Hinterlassenschaften, ein römischer Turm aus dem dritten Jahrhundert – Österreichs ältestes Gebäude – und ein Meilenstein, zeugen davon. Sehenswert ist auch die romanische Pfarrkirche des Heiligen Stephan (12. Jahrhundert), die barock umgestaltet wurde. Das Portal mit den zwölf Reliefs ist vermutlich eine Darstellung der zwölf Apostel. Auch der Friedhof dahinter, aus dem 13. Jahrhundert, ist der älteste seiner Art in Österreich. Die berühmte Friedhofskapelle der Drei Weisen vereint spätromanische und frühgotische Stilelemente.

INFO: Tulln liegt ca. 38 km nordwestlich von Wien. **INFO TULLN:** Tourist Information, Minoritenplatz 2, 3420 Tulln an der Donau, Tel. (022 72) 675 66-0, www.tullnerdonauraum.com. **INFO EGON SCHIELE MUSEUM:** Donaulände 28, Tulln an der Donau, Tel. (022 72) 645 70, www.schielemuseum.at, Öffnungszeiten April–Anfang Nov. Di–So/Fei 10–17, Eintritt € 5,50, ermäßigt € 4,50, Kinder € 3,50.

Egon Schieles »Selbstporträt mit Lampionfrüchten« (1912), Leopoldmuseum, Wien.

Im Reich der Sumpfschildkröten

Nationalpark Donauauen

Wien und Niederösterreich

Die Donau ist 2006 zur »Schnellstraße« geworden. Der Schnellkatamaran »Twin City Liner« verkehrt seither zwischen Wien und Bratislava, mit einer Durchschnittsgeschwindigkeit von 60 Stundenkilometern dauert die Fahrt 75 Minuten. Sie führt mitten durch die Donauauen, seit 1996 Nationalpark, und das ist nur möglich, weil der moderne Schnellkatamaran mit extrem geringer Tiefe und erstaunlich leise durch den Fluss zieht. Trotz des hohen Tempos schlägt das Wasser nur einen halben Meter weit Wellen. Es stört nicht die seltenen Sumpfschildkröten auf den Eilanden, die Fischotter, Eisvögel und Kormorane in den Nebenarmen, die Wildschweine, Hasen und Füchse, die durchs Gebüsch schlüpfen. Naturschützer akzeptieren die Schiffsverbindung.

Der Nationalpark Donauauen zeigt sich gleich hinter der Stadtgrenze als Wildwuchs, die Uferböschung ist stellenweise dschungelartig zugewuchert. Schotterpartien werden von sandigen Ufern abgelöst, dann säumt Dickicht die Flussränder, Pappeln und Erlen sind emporgeschossen, Weiden hängen ihre Äste in die Strömung. Im Sommer bietet die Gegend Badeplätze, braungebrannte Pensionisten sind in Kajaks unterwegs, Naturfreunde suchen mit Fernstechern nach seltenen Vögeln. Der Urwald am Rande Wiens entstand, weil die Stadt ihre Industrialisierung zurückgefahren hat und den im 19. Jahrhundert brachial regulierten Strom seit Jahrzehnten sich selbst überlässt. Der Urlandschaft hinter Wien folgt die romantische Passage an der Hainburger Pforte, wo die Donau die March aufnimmt, und über der gemächlichen Vereinigung der beiden Flüsse wacht die Burgruine Theben an einer Felskante. Die slawische Grenzfestung trennte lange die Slowakei und Österreich, aber das ist vorbei. Die Hauptstädte der beiden Länder wachsen immer mehr zusammen, Verkehr, Güterumschlag und Kultur sorgen dafür – und dazwischen erstreckt sich grandiose Natur.

Kanutour in den Donau-Seitenarmen von Stopfenreuth.

Info: Der Nationalpark Donauauen erstreckt sich über 38 km von Wien bis zur Marchmündung an der Grenze zur Slowakei. **Info Nationalpark Donauauen:** Schloss Orth, 2304 Orth an der Donau, Tel. (022 12) 35 55, www.donauauen.at. **Info Donaufahrt:** Der »Twin City Liner« verkehrt zwischen April und Oktober dreimal täglich zwischen Wien (Schwedenplatz/Marienbrücke) und Bratislava (Nový most) hin und zurück. Tel. (01) 904 88 80, www.twincityliner.com.

Nationalpark Donauauen

Wien abseits der Touristenpfade: Setagayapark

Gut zu wissen: Im Setagayapark gilt ein generelles Hundeverbot.

Schlosspark Schönbrunn, Stadtpark und Burggarten – diese Parks kennt jeder. Wer jedoch auf der Suche nach einem echten Geheimtipp ist, der sollte sich in den Setagayapark begeben. Dort verirren sich kaum Touristen hin. Selbst vielen Einheimischen ist der japanische Garten kein Begriff, liegt er doch abseits der gängigen Touristenpfade im 19. Wiener Gemeindebezirk Döbling.

Benannt wurde der Park nach dem gleichnamigen Stadtteil in Tokio, der mit dem Bezirk Döbling seit 1869 durch einen Freundschaftsvertrag verbunden ist. Angelegt nach den Entwürfen des japanischen Gartengestalters Ken Nakajima weist der Park viele typische Elemente eines japanischen Landschaftsgartens auf, darunter ein Wasserfall, eine Quelle und Steinskulpturen. Im Park wachsen sowohl japanische als auch in Österreich beheimatete Pflanzen und Bäume.

Vor allem im Frühjahr, wenn die Kirschblüten blühen, ist der Park eine echte Augenweide. Gerne dient er auch als Location für Fotoshootings. Im Park befindet sich zudem ein Teehaus, das unter anderem für Tee-

Vor allem im Frühling ist der Setagayapark beliebt

REISEBLOG
Wien

Entspannen mit japanischem Flair

zeremonien, Ikebana- und Bonsaiausstellungen zur Verfügung steht.

Mit seinen 4800 m² ist der Setagayapark zwar nur etwa ein Dreizehntel so groß wie der Wiener Stadtpark, jedoch muss die vorhandene Fläche auch nicht mit so vielen anderen Besuchern geteilt werden. Durch das japanische Flair und die fernöstliche Gartengestaltung stellt er eine Oase mitten in der Großstadt dar. Vor allem Japan-Fans und Ruhesuchende werden sich hier wohlfühlen.

Neben dem Eingang befindet sich ein Monument aus Stein, auf dem das japanische Wort »Furomon«, was übersetzt »Paradies« bedeutet, eingraviert ist. Und ein kleines Paradies auf Erden ist er wirklich, aber am besten überzeugt man sich davon selbst.

Insidertipp: Den Park sollte man zur Kirschblütenzeit einen Besuch abstatten. Da erstrahlt er in seinem schönsten Kleid.

Setagayapark ➜ aB3
19., Gallmeyergasse 4
1190 Wien
Tram 37: Barawitzkagasse
1. April–31. Okt. geöffnet, 1. Nov.–31. März, sowie bei winterlichen Verhältnissen geschlossen

Impression des Literaturfestivals O-Töne 2018

***Gut zu wissen:** Da die Sitzplätze immer sehr begehrt sind, ist es ratsam, spätestens eine Stunde vor Beginn der Lesung einzutreffen. Bei Schönwetter kann man auch auf dem Boden Platz nehmen. Bei Schlechtwetter herrscht in der Arena21 oft große Platznot.*

Wien für Kulturinteressierte: Literaturfestival O-Töne im MuseumsQuartier

Jedes Jahr im Sommer steht das MuseumsQuartier (MQ) etwa eineinhalb Monate lang ganz im Zeichen der Literatur. Bekannte und weniger bekannte österreichische Autoren lesen dann aus ihren (Debüt-)Werken vor.

Mit dabei waren schon Größen wie Wolf Haas, Robert Seethaler und Franzobel, aber auch Eva Menasse, Paulus Hochgatterer, Friederike Mayröcker, Thomas Glavinic, David Schalko u.v.m. waren bereits Gäste bei den O-Tönen. Die Auswahl spiegelt die große Vielfalt der österreichischen Gegenwartsliteratur wider. Für alle Literaturinteressierten ist dieses Ereignis ein absolutes Muss!

Bei wunderschönem Ambiente im Innenhof des MQ – besonders, wenn das Sommerwetter einem gnädig gestimmt ist – kann man den Worten der Schriftsteller lauschen und sich zurücklehnen. Bei schlechtem Wetter finden die Lesungen in der Arena21, ebenfalls im MQ, statt.

Nach der Lesung werden Bücher signiert oder man kann entspannt im MQ verweilen, einen Drink zu sich nehmen und sich mit anderen Literaturinteressierten über das Gehörte austauschen.

***Tipp zum Schluss:** Wer nicht hungrig zur Lesung gehen möchte, kann direkt im MQ noch einen Happen zu sich nehmen oder im indischen Lokal Tandoor am Spittelberg, das sich in Fußweite befindet, einkehren.*

MuseumsQuartier Wien ➡ J/K9/10
7., Museumsplatz 1–5
1070 Wien
U2/3: Volkstheater oder Museumsquartier
https://o-toene.at/
im Juli/Aug., Eintritt frei

REISEBLOG
Wien

Wien für VegetarierInnen: 2 kulinarische Highlights

So ein Städtetrip macht ganz schön hungrig. Deshalb wird nachstehend verraten, wo man vorzüglich vegetarisch sowie vegan frühstücken kann, wo es die besten Mehlspeisen der Stadt (wie bei Oma!) gibt und wo es sich hervorragend indisch dinieren lässt.

Tipp 1: Vollpension

Dem Andrang nach zu urteilen, haben die Betreiber mit ihrem Konzept den Nerv der Zeit getroffen, denn hier ist es meistens ziemlich voll. Wer ohne Reservierung einen Platz ergattert, kann sich glücklich schätzen. Nicht selten sitzt man an den größeren Tischen mit Fremden zusammen.

Das Konzept der Vollpension ist in seiner Simplizität genial: Senioren erfreuen mit ihren selbstgemachten Mehlspeisen die Kundschaft und verdienen so etwas zu ihrer meist knappen Rente dazu. Unterstützt werden sie von jüngerem Personal. Es geht aber nicht nur um eine Einkommensaufbesserung, sondern auch um soziale Inklusion älterer Menschen. Eigenen Angaben zufolge versteht sich die Vollpension als Generationencafé, mit dem Ziel, Alt und Jung näher zusammenzubringen.

Insidertipp: Die Vollpension befindet sich in unmittelbarer Nähe des Wiener Naschmarkts. Unbedingt einen Marktbesuch einplanen! Samstags findet dort zudem ein Flohmarkt statt. Auch die Secession und die Karlskirche sind in nur wenigen Gehminuten zu erreichen. Wer sich für Architektur interessiert: Etwa 5 Minuten Fußweg entfernt befindet sich das Majolikahaus, ein von Otto Wagner 1898 errichtetes Wohnhaus.

Gemütlich-rustikales Ambiente in der Vollpension

***Gut zu wissen:* Reservierungen sind wochentags erst ab vier Personen möglich, am Wochenende werden Reservierungen zwar bereits ab zwei Personen entgegengenommen, allerdings nur zum Frühstück (bis 13:00 Uhr).**

Bereits beim Betreten des Cafés duftet es himmlisch. Kindheitserinnerungen werden wach, als man sich noch jeden Sonntag bei der Oma zum Essen traf. Die Vollpension ist vor allem für ihre hervorragenden Mehlspeisen bekannt. Hier wird unentwegt gebacken, weshalb die Süßspeisen auch nicht auf der Karte stehen. Mal gibt es Mohntorte und Apfelstreuselkuchen, mal Schokotorte und Kirschkuchen – irgendeine Köstlichkeit befindet sich jedenfalls immer im Backofen und die Auswahl an frisch zubereiteten Mehlspeisen ist nichts für Entscheidungsmuffel. Manchmal wird einem die Entscheidung aber auch abgenommen. Da durchgehend gebacken und verkauft wird, kann es schon mal vorkommen, dass die Person vor einem in der Schlange das letzte Stück des auserwählten Favoriten ergattert und man spontan ausweichen muss.

Auch die Frühstückskarte kann sich sehen lassen. Sehr zu empfehlen für Vegetarier ist die *Xunde Tant'*, ein vegetarischer Frühstücksteller mit selbstgemachten Aufstrichen, einem weichen Ei, Käse u.v.m. Für Veganer gibt es den sogenannten *Kerndlfresser.*

Essen wie bei Oma: Die Vollpension versteht sich als Generationencafé

REISEBLOG
Wien

Die Vollpension besticht auch durch Kitsch

Neonbeleuchtete Backöfen, freigelegte Ziegelmauern, Vintage-Möbel und allerlei Deko sorgen für ein einzigartiges Flair. Im Sommer kann man im Garten Platz nehmen.

In der Vollpension herrscht prinzipiell Selbstbedienung, warme Speisen und das Frühstück werden allerdings serviert. Bestellt und bezahlt wird alles (in bar!) an der Theke, wo sich auch das Kuchen- und Tortenangebot präsentiert.

Pluspunkt:* *Für Sojamilch wird kein Aufpreis verlangt.

Vollpension ➡ L11
4., Schleifmühlgasse 16
1040 Wien
U1/2/4: Karlsplatz oder Kettenbrückengasse (und anschließend ca. 10 Min. Fußweg)
Bus 59A: Schleifmühlgasse
✆ (01) 585 04 64
www.vollpension.wien
Mo–Fr 7.30–22, Sa 9–22, So 9–20 Uhr

Tipp 2: Tandoor am Spittelberg

Schon beim Betreten des Restaurants kommt einem eine herrliche Duftnote aus Curry, Kurkuma, Kokosmilch

Indisches Curry mit Naan-Brot

Gut zu wissen: In unmittelbarer Nähe befindet sich das MuseumsQuartier, das nicht nur mit seinen Museen, sondern auch mit zahlreichen Veranstaltungen sowie Punsch im Winter lockt. Ebenfalls nur wenige Gehminuten entfernt befinden sich das Kunsthistorische und das Naturhistorische Museum.

und Koriander entgegen. Die Speisekarte weist nicht nur eine sehr gute Auswahl für Vegetarier auf, sondern es werden auch vegane Gerichte angeboten. Wer eine Schwäche für die indische Küche hat, der kommt hier auf jeden Fall auf seine Kosten.

Das Tandoor überzeugt jedoch nicht nur durch seine köstlichen Speisen, sondern auch durch seinen hervorragenden Service. Da das Restaurant allerdings relativ klein ist, sollte man auf jeden Fall vorab reservieren, wenn man sicher einen Tisch zur gewünschten Uhrzeit bekommen möchte.

Der Name Tandoor steht für die Bezeichnung des original indischen Holzkohleofens. Darin werden nicht nur Tandoori-Gerichte zubereitet, sondern beispielsweise auch das beliebte Naan-Brot.

Insidertipp: Zur Weihnachtszeit bietet sich ein Besuch des Spittelberger Weihnachtsmarkts, in dessen Mitte das Lokal liegt, oder des Weihnachtsdorfes am Maria-Theresien-Platz an.

Tandoor am Spittelberg ➡ J9
7., Burggasse 19
1070 Wien
U3/Tram 49: Volkstheater (und anschließend ca. 5 Min. Fußweg)
✆ (01) 406 41 16
http://tandoor.wien/
Mo–Fr 11.30–14.30 und 18–22, Sa 18–22 Uhr

REISEBLOG
Wien

Stadtflucht:
Burg Liechtenstein

Auch im Wiener Umland befinden sich viele sehenswerte Highlights. Nur knapp eine halbe Autostunde von Wien entfernt liegt in Maria Enzersdorf in Niederösterreich die Burg Liechtenstein. Sie befindet sich direkt am Rande des Wienerwaldes im Naturpark Föhrenberge. Mit öffentlichen Verkehrsmitteln ist die Burg in gut 1,5 Stunden vom Wiener Zentrum aus erreichbar.

Geschichtsfans haben es wahrscheinlich schon geahnt: Der Name der Burg kommt nicht von ungefähr. Die Burg Liechtenstein wurde um 1130 von Hugo von Petronell erbaut. Nach der Fertigstellung nannte sich Hugo von Petronell *von und zu Liechtenstein*. Er gilt daher als Stammvater des Fürstenhauses Liechtenstein. Die Burg ist noch heute im Familienbesitz der Liechten-

Insidertipp: Eine Besichtigung der Burg Liechtenstein lässt sich wunderbar mit einem Ausflug in den Naturpark Sparbach verknüpfen. Dafür gibt es auch ein vergünstigtes Kombi-Ticket an der Burgkasse.

Gut zu wissen: Die Burg kann auch an Feiertagen besichtigt werden, allerdings muss man dann mit einem erhöhten Besucherandrang rechnen.

Tipps und Infos:

- *Warm anziehen! Es ist ganz schön kalt drinnen.*
- *Ein großer Parkplatz befindet sich rund 400 Meter von der Burg entfernt. Das Parken dort ist kostenlos.*
- *Die Burg ist nicht barrierefrei zugänglich.*
- *Die Besichtigung ist nicht zu empfehlen für Leute, die schlecht zu Fuß sind bzw. sich beim Treppensteigen schwer tun.*
- *Das Fotografieren und Filmen in den Innenräumen ist nicht gestattet.*

steins und wurde im 19. Jahrhundert aufwendig im Stil der Neoromantik restauriert.

Ein Rundgang durch die Burg dauert etwa 50 Minuten und führt unter anderem durch die Küche, den Rittersaal, das Fürstenzimmer und die Kapelle. Ein Blick vom Balkon eröffnet zudem eine wunderbare Aussicht.

Im Zuge der Führung erfährt man unter anderem etwas zur Geschichte und zum Bau der Burg. Da im Zweiten Weltkrieg viele Einrichtungsgegenstände dem Kunstraub zum Opfer fielen, handelt es sich bei vielen Exponaten um keine Originale aus dem Mittelalter, sondern um Sammlerstücke aus dem 16. bis 19. Jahrhundert.

Da viele Redewendungen ihren Ursprung im Mittelalter haben, erhält man zudem spannende Einblicke in die Bedeutung einiger Aussprüche. Die Redewendung *Einen Zahn zulegen* hat ihren Ursprung zum Beispiel im Küchenjargon, und zwar wurden im Mittelalter zur Essenszubereitung Kessel über offenem Feuer auf Metallketten gehängt. Eine Temperaturregelung war nur über die Höhe des Kessels möglich. Durch Tieferhängen

Nahaufnahme des Burgturms

REISEBLOG
Wien

des Kessels um einen *Zahn*, wie die Zacken auf der Metallstange genannt wurden, konnte man die Kochhitze erhöhen und somit das Essen schneller zubereiten.

Wem die Burg bereits bekannt vorkommen mag, den wird es nicht überraschen, dass sie bereits als Kulisse für Hollywood-Filme wie *Die drei Musketiere, Robin Hood* (mit Kevin Costner) und sogar *Der Herr der Ringe* diente. Auch österreichische Produktionen wie die Krimiserie *Kommisar Rex* wurden teilweise auf der Burg gedreht.

Von der Burg aus hat man einen schönen Ausblick über Maria Enzersdorf

Burg Liechtenstein ➡ südl. aD2
Am Hausberg 2
2344 Maria Enzersdorf
✆ (650) 680 39 00
www.burgliechtenstein.eu
Eintritt: € 10/7, kostenfreier Parkplatz
Jan./Feb. Sa 11, März–Juni/Sept./Okt. tägl. 10–16, Juli/Aug. tägl. 10–17, Nov. tägl. 11–14, Dez. Sa/So/Fei 12–14 Uhr (Besichtigungen nur im Rahmen einer Führung möglich)

Mehr Insidertipps zu Wien und anderen Destinationen finden Sie auf www.julie-en-voyage.com

Museen und Galerien, Architektur und andere Sehenswürdigkeiten

Museen und Galerien

In der Albertina: Peter Paul Rubens' »Nikolaus Rubens mit Korallenschnur« (um 1619)

4 Albertina ➡ J11

1., Albertinaplatz 1
✆ (01) 534 83-0, www.albertina.at
Tägl. 10–18, Mi/Fr bis 21 Uhr, Eintritt € 16/11, bis 18 J. frei
Die Albertina beherbergt eine der größten und bedeutendsten grafischen Sammlungen, eine Architektur- und eine Fotosammlung. Auch eine der bedeutendsten Privatsammlungen der Klassischen Moderne, die Sammlung Batliner mit Werken von Monet bis Picasso ist ausgestellt.

Das Ende des 18. Jahrhunderts erbaute Palais neben der Hofburg besitzt habsburgische Prunkräume, aber auch vier moderne Ausstellungshallen. Den Eingangsbereich überspannt ein langes Flugdach aus Titan.

Belvedere 21 – Museum für zeitgenössische Kunst ➡ N13

3., Schweizergarten, Arsenalstr. 1
✆ (01) 795 57-0, www.belvedere21.at
Mi–So/Fei 11–18, Mi/Fr bis 21 Uhr, Eintritt € 8, bis 18 J. frei
Im einstigen Österreichpavillon, vom Architekten Karl Schwanzer 1958 für die Weltausstellung entworfen, befand sich von 1962 bis 2001 das erste Museum Mo-

Die Albertina am Albertinaplatz in Wien

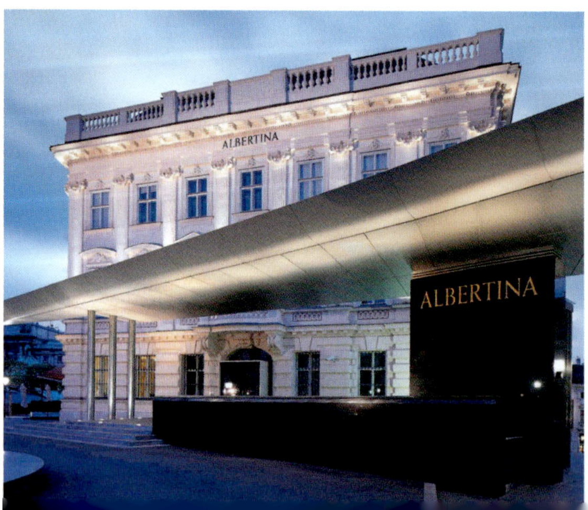

Eine der größten grafischen Sammlungen der Welt

Albertina

Wien

In diesem Haus kann man ein Meisterwerk, das viele Menschen seit Jahren begleitet, im Original sehen. Gemeint ist Albrecht Dürers »Feldhase« (1502), ein Bild, das über Jahrhunderte sogar Schulbücher illustrierte. Aber auch die »Betenden Hände« des Nürnberger Meisters gehören zu den Besitztümern dieses einzigartigen Museums. Dürer ist mit rund 140 Zeichnungen und Aquarellen in der Albertina vertreten – die umfangreichste Sammlung seiner Werke. Die Grafische Sammlung verwahrt eine der größten und bedeutendsten Sammlungen der Welt: rund 50 000 Zeichnungen und Aquarelle sowie 900 000 druckgrafische Blätter, darunter Holzschnitte von der Spätgotik bis zur Gegenwart. Den Kernbestand der Schausammlung vom französischen Impressionismus bis zu Picasso bildet die Sammlung Batliner, die das Museum 2007 als Dauerleihgabe erhalten hat. Hinzu kommen eine Foto- und eine Architektursammlung.

Gegründet wurde die Albertina von Herzog Albert von Sachsen-Teschen (1738–1822), in dessen klassizistischem Palais sie untergebracht ist und dessen Namen sie trägt. 2000 bis 2003 wurde das Haus generalsaniert, vier Ausstellungshallen entstanden und ein neuer Eingangsbereich, den das spektakuläre 64 Meter lange Titan-Flugdach von Hans Hollein überspannt.

Zu den besonderen Kostbarkeiten gehören neben Werken Dürers auch Zeichnungen von Leonardo da Vinci, Michelangelo, Raffael, Rubens und Rembrandt. Die Moderne repräsentieren u. a. Munch, Klimt und Schiele, Picasso und Chagall. Auch die Pop-Art ist vertreten. Die Arbeiten dieser Künstler werden schwerpunktmäßig in Sonderausstellungen präsentiert. So kann man z. B. – und das gibt es nicht in Rom – die Rötelstudien bewundern,

Die Albertina birgt eine der bedeutendsten grafischen Sammlungen der Welt.

die Michelangelo als Vorlage für die Fresken in der Sixtinischen Kapelle im Vatikan dienten.

Das 1781 erbaute Palais neben der Hofburg enthält Habsburgische Prunkräume, benannt nach längst verblichenen Blaublütern wie Erzherzogin Marie Christine und anderen, die erst seit Kurzem wieder zugänglich sind.

Info: In der Innenstadt, im 1. Bezirk gelegen. **Info Albertina:** Albertinaplatz 1, 1010 Wien, Tel. (01) 53 48 30, www.albertina.at, Öffnungszeiten tägl. 10–18, Mi/Fr bis 21 Uhr, Eintritt € 16, ermäßigt €11, bis 18 J. frei.

Eingang zum Bestattungsmuseum beim Wiener Zentralfriedhof

derner Kunst in Wien. Seit der Renovierung firmiert es als Museum für zeitgenössische Kunst mit Wechselausstellungen.

Ausstellungsraum im Bestattungsmuseum: Hier gehört der Tod zum Leben

Bestattungsmuseum ➡ aD4
11., Simmeringer Hauptstr. 234, Tor 2, UG der Aufbahrungshalle
Tram 6, 71: Zentralfriedhof, 2. Tor
✆ (01) 760 76, www.bestattungsmuseum.at
Mi–Fr 9–16.30, Sa (nur März–Anfang Nov.) 10–17.30 Uhr
Eintritt € 6/5, bis 18. J. frei
Neben rund 250 Objekten, darunter skurrile wie ein Klappsarg, gibt es Filmmaterial, das nirgendwo anders zu sehen ist. Zu hören sind die gängigen Musikstücke der Vereinigung der Friedhofssänger für Trauerfeiern, darunter wiederum skurrile Songs.

Dritte Mann Museum ➡ L10
4., Pressgasse 25
✆ (01) 5864872, www.3mpc.net
Sa 14–18 Uhr, Führungen nach Absprache
Eintritt € 8,90/4,50 (10–16 J.)
Das privat betriebene Museum ist Anlaufstelle für Filminteressierte und Türöffner zur Wiener Nachkriegsgeschichte: Neben einer umfangreichen Sammlung rund um den 1948 in Wien gedrehten Filmklassiker »Der dritte Mann« beschäftigt sich eine ausführliche Dokumentation mit dem historischen Hintergrund des Films. Jeweils um 18 Uhr werden musikalische Höhepunkte aus dem Film an der Zither live präsentiert. Dauer 45 Minuten, € 10 für Museumsbesucher.

Wo der Tod zum Leben gehört

Bestattungsmuseum Wien

Wien

Solch ein Museum gibt es nur einmal in der Welt. In Wien gehört der Tod zum Leben wie anderswo der Abendspaziergang oder ein sonntäglicher Verwandtenbesuch. Er kann einem immer widerfahren, aber viel reden will man nicht darüber. Hinschauen dagegen schon. Böse Zungen behaupten, die pompöse Ringstraßenarchitektur entstand nur deshalb, weil die Wiener – ob im Sarg oder hinter ihm herlaufend – eine ordentliche Kulisse für den Weg zum Friedhof haben wollten. Noch heute ist es üblich, Verstorbene aufzubahren oder sie vor dem endgültigen Verschließen des Sargs noch einmal zu zeigen.

Psychologen behaupten, das sei der einzig richtige Abschied und der erste Schritt zur Trauerbewältigung. Wer in dieser Stadt auf sich hält, bereitet sich schon zu Lebzeiten gewissenhaft auf seinen Abgang vor, befasst sich mit Testamentsverfügungen, Abschiedsbriefen, Krematorien und Bestattungsriten (zu Erde, zu Wasser oder in die Luft gestreut).

Das Bestattungsmuseum, seit 2014 beim Zentralfriedhof wieder eröffnet, zeigt von der Trauerlivree für Angehörige Verstorbener bis zum Stilett für den Selbstmörder alles, womit Menschen sich im Blick auf den eigenen Tod schon befasst haben. Unglaublich ist die Fülle der Totenkleider, von schlichtem Leinen bis zur perlenbesetzten Seide. Es geht aber auch um Sargformen und Sargausstattung, um Grabsteininschriften und die richtigen Nachrufe. Wer umsichtig ist, sorgt vor.

Hochinteressant ist der Einblick in die Thanatopraxis, die z. B. Unfallopfer mit zertrümmerten Gesichtern so wiederherstellt, dass Hinterbliebene bei ihrem Anblick keinen Schock erleiden. Schließlich ist es der letzte Blick auf den Toten, der in Erinnerung bleibt. Den Großteil der Ausstellung machen aber die Fuhrwerke zum Leichentransport aus, da wurde nicht gespart.

Auch Makabres hat in dieser Totenschau Platz. So wird der Sparsarg aus der Zeit Josephs II. gezeigt, der in Pestperioden zum Einsatz kam. Verstorbene Pestkranke mussten schnell entsorgt werden. Damals wurde nach ihrer Beerdigung mittels einer Klappe die Leiche in die kalte Erde entsorgt, damit der Sarg schnell wiederverwendet werden konnte.

Info: Im 11. Bezirk, am Haupteingang des Wiener Zentralfriedhofs gelegen. **Info Bestattungsmuseum Wien:** UG der Aufbahrungshalle 2, Simmeringer Hauptstr. 234, Tor 2, 1110 Wien, Tel. (01) 760 67, www.bestattungsmuseum.at, Mo–Fr 9–16.30, März–Okt. auch Sa 10–17.30 Uhr, Eintritt € 6, ermäßigt € 5, bis 18 J. frei, Führungen nach Voranmeldung, € 5.

Josephiner Gemeindesarg im Bestattungsmuseum in Wien.

Gartenpavillion des Ernst Fuchs Museums

Ernst Fuchs Museum ➡ aC2
14., Hüttelbergstr. 26
U4: Hütteldorf, dann Bus 52 A oder 52 B: Camping West
✆ (01) 914 85 75, www.ernstfuchsmuseum.at
Di–Sa 10–16 Uhr, Eintritt € 11/6
Der Exzentriker Ernst Fuchs (1930–2015) übernahm die pompöse Villa des Architekten Otto Wagner, ließ sie restaurieren und zum Museum für seine Bilder und Skulpturen umwandeln.

Gemäldegalerie der Akademie der Bildenden Künste Wien ➡ K11
1., Schillerplatz 3
✆ (01) 588 16 22 21, www.akademiegalerie.at
Tägl. außer Di 10–18 Uhr
Eintritt € 12/11/9, bis 18 J. frei
Hier sind viele Kunstwerke der Alten Meister versammelt, so von Rubens, Tizian oder dem Niederländer Hieronymus Bosch. Von letzterem ist das berühmte Weltgerichts-Tryptichon zu bewundern.

Haus der Geschichte Österreich ➡ H10
1., Neue Burg, Heldenplatz
✆ (01) 53 41 08 05, www.hdgoe.at
Di-So 10–18, Do 10–21 Uhr
Eintritt € 8/6
Das 2018 eröffnete Museum konzentriert sich vor allem auf die Zeit nach der Monarchie, als Österreich 1918 Republik wurde. Es ist im Zwischengeschoss der Neuen

Eingang zum Haus der Geschichte Österreich am Heldenplatz

Ausstellung zum Thema »Gleiche Rechte« im Haus der Geschichte Österreich

Hofburg untergebracht, der Bau des historischen Gebäudes samt Prachtstiege ist Teil der Ausstellung. Zu sehen sind Filmaufnahmen, Schautafeln und Vitrinen, auch ein Behang der Kaiserloge im Parlament, in der Franz Joseph nie Platz nahm. Sowie weitere Themencluster.

Heeresgeschichtliches Museum ➡ N14
3., Arsenal 1, 1030 Wien
✆ (01) 79 56 10, www.hgm.at
Tägl. außer Fei 9–17 Uhr, Panzergarten und Panzerhalle (nur So) März bis Okt.
Eintritt € 7/5, bis 19 J. und erster So im Monat frei
Das Heeresgeschichtliche Museum ist das militärhistorische Fachmuseum Österreichs. Zwischen 1850 und 1856 nach Plänen von Ludwig Foerster und Theophil Hansen errichtet, kann man sich hier in der österreichischen Militärgeschichte vom 16. Jahrhundert bis zum Verfall der Monarchie 1945 schulen. Mehr als 1,2 Millionen Exponate wie Waffen, Rüstungen, Panzer, Flugzeuge und Schlachtschiffmodelle veranschaulichen in insgesamt 13 permanenten Ausstellungen die militärischen Geschicke des Landes zu Land und auf hoher See. Besonders imposant anzusehen sind die **Feldherrenhalle**, das **Stiegenhaus** und die **Ruhmeshalle**, die auch als Gedenkstätte für mehr als 500 Offiziere diente.

Heeresgeschichtliches Museum Wien

In der Panzerhalle und im Panzergarten kann man einen Blick auf Gefechtsfahrzeuge des Österreichischen Bundesheeres werfen. Auch sowjetische Panzer sind vertreten.

In der Weltlichen Schatzkammer der Hofburg werden die Reichskleinodien des Heiligen Römischen Reichs Deutscher Nation aufbewahrt: die Reichskrone

2 Hofburg ➡ H10/11
✆ (01) 533 75 70, www.hofburg-wien.at
Tägl. 9–17.30, Juli/Aug. bis 18 Uhr
Eintritt € 15/9 (6–18 J.), Große Tour (Sisi-Ticket) mit Schlossbesichtigung, Kaiserappartments, Sisi Museum, Hofmobiliendepot, Silberkammer € 34/21, unter 6 J. frei
An der Hofburg wurde ein halbes Jahrtausend Weltgeschichte inszeniert. Der **Schweizerhof** ist der älteste Teil der Hofburg. Er geht auf das 13. Jh. zurück. Von der mittelalterlichen Kernanlage blieb nur die **Burgkapelle** erhalten. In der **Schatzkammer** daneben finden sich die einzigartigen Schätze der Habsburger, darunter die österreichische Kaiserkrone und der Kronschatz des Heiligen Römischen Reiches mit der Reichskrone. Die **Stallburg** mit ihrem Arkadenhof wurde Mitte des 16. Jahrhunderts errichtet. Sie beherbergt die Stallungen für die Lipizzaner, jener Pferde, für die Wien berühmt ist.

Die **Amalienburg** ist mit dem Leopoldinischen Trakt verbunden, gegenüber liegen Reichskanzleitrakt und Nationalbibliothek. Die Reichskanzleitrakt war der erste Sitz der Regierung und des ersten österreichischen Parlaments. Sehenswert sind der Prunksaal der **Nationalbibliothek**, die **Kaiserappartements, Hofsilber- und Tafelkammer** und das **Sisi Museum**. In der Hofburg wird

Die Kaiserappartements in der Hofburg

Die Zentrale einstiger Weltmacht

Hofburg

Wien

In Wien sagt man »nicht um die Burg«. Damit wird zum Ausdruck gebracht, dass man an diesem Monumentalbau, der den historischen ersten Bezirk optisch beherrscht, nicht vorbei kann. Die Hofburg war lange Symbol der absoluten

Die Wiener Hofburg: ehemalige Kaiserresidenz in Wien.

feudalistischen Macht. Ihr Areal umfasst, nimmt man Gärten und Parks hinzu, 240 000 Quadratmeter. Die 18 Gebäudeteile, nach Trakten geordnet, besitzen 2600 Räume, in denen heute etwa 5000 Menschen ihren Arbeitsplatz haben. An dem verschachtelten Gebäudekonglomerat wurde ein halbes Jahrtausend Weltgeschichte inszeniert.

Der Schweizerhof, die Keimzelle der Hofburg, geht auf das 13. Jahrhundert zurück. Von der mittelalterlichen Kernanlage blieb die Burgkapelle erhalten. Außer im Sommer singen hier die Wiener Sängerknaben an Sonn- und Feiertagen, auch Hochzeiten werden zelebriert. Die Stallburg mit ihrem Arkadenhof zählt zu den schönsten Renaissance-Bauwerken der Stadt, sie beherbergt die Lipizzaner-Stallungen. Die Amalienburg ist mit dem frühbarocken Leopoldinischen Trakt verbunden, gegenüber liegen Reichskanzleitrakt und Nationalbibliothek. Zum Michaelerplatz hin grenzt die Michaelerkuppel mit ihrem Riesenportal das Areal zur bürgerlichen Welt ab. Sehenswert sind die Weltliche und Geistliche Schatzkammer in 21 effektvoll ausgeleuchteten Räumen mit Kostbarkeiten von unschätzbarem kunsthistorischem Wert. Neben den Reichskleinodien werden auch die Reliquien des Heiligen Römischen Reichs Deutscher Nation aufbewahrt, dazu habsburgische Krönungs- und Ordnungsinsignien. Eine solche mit mehr als 1000 Jahren europäischer Geschichte prall gefüllte Schatzkammer besitzt nur Wien. Die Hofburg wird bis heute politisch genutzt: Hier befindet sich der Amtssitz des österreichischen Bundespräsidenten, er benutzt das Arbeitszimmer Kaiser Franz Josephs I. Von dort aus wurden einst die Völker Österreichs und des Balkans, mehr als 50 Millionen Menschen, regiert. Heute hat Österreich eine Bevölkerung von ca. 8,8 Millionen.

Info: In der Innenstadt, im 1. Bezirk gelegen. **Info Hofburg Wien:** Hofburg, 1010 Wien, Tel. (01) 533 75 70, www.hofburg-wien.at, Öffnungszeiten (inkl. Kaiserappartements, Silberkammer, Sisi-Museum) tägl. 9–17.30, Juli/Aug. bis 18 Uhr, Eintritt € 15, ermäßigt € 14, bis 18 J. € 9. Zugang zur Hofburg vom Michaelerplatz oder der Ringstraße.

auch heute noch Politik gemacht: Sie dient als Amtssitz des österreichischen Bundespräsidenten.

Die **Neue Burg** (erbaut 1871–1913), von Gottfried Semper und Karl Freiherr von Hasenauer errichtet, beherbergt neben dem Ephesos-Museum die Hofjagd- und Rüstkammer und eine Sammlung alter Musikinstrumente.

Hinter der Hofburg am Rande des Burggartens befindet sich das **Schmetterlinghaus** in einem wunderschönen Jugendstilgebäude (www.schmetterlinghaus.at).

Hofmobiliendepot – Möbel Museum Wien ➡ K8
7., Andreasgasse 7
✆ (01) 524 33 57, www.hofmobiliendepot.at
Tägl. außer Mo 10–18 Uhr
Eintritt € 10,50/9,50/6,50 (6–18 J.)
Hier finden sich zahlreiche Originalmöbel der Habsburger aus der Hofburg, aus Schloss Schönbrunn und aus dem Belvedere. Als eines der weltweit größten Museen für Wohnkultur, beherbergt es unter anderen die Wiege von Kronprinz Rudolf und Sisis Lieblingsmöbelstücke. Das Kaiserliche Hofmobiliendepot wurde 1747 durch Maria Theresia gegründet und war für Instandhaltung und Aufbewahrung des habsburgischen Mobiliars zuständig. Neben den Möbeln der Habsburger gibt es auch Beispiele für die Einrichtungskunst des beginnenden 20. Jahrhunderts zu sehen.

Jüdisches Museum Wien ➡ H11
1., Dorotheergasse 11

Schlafzimmer von Kaiser Franz im Hofmobiliendepot

Wo sich die Republik Österreich Möbel ausleiht

Hofmobiliendepot Möbel Museum

Wien

Schauen, wie Kaisers wohnten: Hier finden sich die Originalmöbel der Habsburger aus der Hofburg, aus Schloss Schönbrunn und dem Belvedere. Die Wiege von Kronprinz Rudolph, eine Sitzgruppe, die Kaiserin Maria Theresia mit ihren Töchtern bestickt hat, Sisis Lieblingsmöbelstücke oder ein ägyptisches Zimmer zum Verlustieren der Blaublütigen. Ganz schön plüschig und ornamental, wie damals gewohnt wurde.

Maria Theresia war eine mächtige Herrscherin, auch deshalb, weil sie vor allem eine sehr praktische, um- und weitsichtige Frau war. Sie wusste, dass mit nicht mehr benutzten Einrichtungsgegenständen der Hofburg und der kaiserlichen Schlösser immer noch Staat zu machen war. Deshalb ließ sie 1747 ein Hofmöbeldepot errichten, die Gegenstände wurden gepflegt und restauriert.

Aus den Beständen wurden Kanzleien, aber auch Wohnungen von hochrangigen Bediensteten des Hofs eingerichtet. Eine psychologisch wirkungsvolle Methode feudaler Bindung. Bis heute leiht sich die Republik Österreich für festliche Anlässe in dieser Institution Möbel aus.

Zu den herausragenden Stücken habsburgischer Prachtentfaltung gehören der Kaiserthron aus dem 19. Jahrhundert, das Schloßhofer-Zimmer, der schlichte Schreibtisch von Franz Joseph, nur mit einem Rollenverschluss versehen – an ihm wurden weitreichende Verträge entworfen und besiegelt – sowie das Schlafzimmer und die Zweihandsäge von Franz I. Der Kaiser war nämlich ein begeisterter Gärtner, der Bäume stutzte, ein Hofgärtner musste helfen. Damit die erlauchte Hand des Monarchen das Werkzeug nicht dort anfasste, wo gemeiner Untertanenschweiß es benetzt hatte, besaß die Säge an der Seite eine Markierung.

Neben dem Majestäten-Gestühl gibt es auch Beispiele für die bürgerliche Einrichtungskunst von Biedermeier über Historismus bis zur Wiener Moderne zu sehen, von Adolf Loos, Josef Hoffmann und Otto Wagner. Insgesamt werden 165 000 Objekte in der größten Möbelsammlung der Welt aufbewahrt. Dazu kommen wechselnde Sonderausstellungen zu Architektur und Design des 20. Jahrhunderts.

Info: Unweit der Innenstadt, im 7. Bezirk gelegen. **Info Hofmobiliendepot Möbel Museum Wien:** Andreasgasse 7, 1070 Wien, Tel. (01) 524 33 57, www.hofmobiliendepot.at, Öffnungszeiten Jan.–Mitte März Di–So, sonst tägl. 10–18 Uhr, Eintritt € 10,50, ermäßigt € 9,50, bis 18 J. € 6,50.

Thronarrangement aus dem 19. Jahrhundert im Hofmobiliendepot Möbel Museum.

Holocaust-Mahnmal auf dem Judenplatz

Jüdisches Museum am Judenplatz ➡ G11
1., Judenplatz 8
✆ (01) 535 04 31, www.jmw.at
Tägl. außer Sa 10–18, Museum am Judenplatz So–Do 10–18, Fr nur bis 14 Uhr
Kombiticket für beide Standorte (4 Tage gültig) € 12, bis 18 J. frei

Seit 1993 zeigt das Museum die lange Geschichte der Juden in Wien – von einst 183 000 überlebten nur 2000 die Shoah. Die permanente Ausstellung in der Dorotheergasse »Unsere Stadt! Jüdisches Wien bis heute« beleuchtet die gesamte Zeit vom Mittelalter bis zur Gegenwart.

Am zweiten Standort auf dem Judenplatz vereinen sich ein imposantes Mahnmal von Rachel Whiteread mit den Ausgrabungen der mittelalterlichen Synagoge und einem Museum zum mittelalterlichen Judentum zu einer einzigartigen Einheit des Gedenkens.

Wechselnde Ausstellungen werden in beiden Häusern gezeigt.

Ausgrabungen der 1421 zerstörten Synagoge im Museum am Judenplatz

Wie die Knochen gebrochen wurden

Wiener Kriminalmuseum

Wien

Der Dienstmädchenmörder Hugo Schenk war ein Poet. Zwischen seinen Morden fand er zu schönen Versen, die er mit schwungvoller Hand zu Papier brachte. Mit derselben Hand, mit der er die jungen Frauen tötete.

Im Kriminalmuseum, einem der ältesten Gebäude der Leopoldstadt, 1685 als Seifensiederhaus urkundlich erwähnt, ist der Schädel des lyrischen Mörders zu sehen.

Ein kurioses Panoptikum des Verbrechens ist in 20 Räumen ausgebreitet, die die Geschichte der Wiener Kriminalität und des Polizeiwesens vom Mittelalter und bis zur Gegenwart erzählen. Der Besucher erfährt vor allem, wie gemordet wurde. Dazu gibt es makabre Ausstellungsstücke aus dem Wiener Polizeiarchiv: Totenmasken, den mumifizierten Kopf eines Hingerichteten, die blutbefleckten Handschuhe, die Kaiser Franz Joseph bei dem Attentat, das auf ihn 1853 verübt wurde, trug.

Dargestellt werden Justizwesen, Strafrechtsreformen und öffentliche Hinrichtungen. Zu den grusligen Exponaten gehören das Richtrad, mit dem Verurteilten vor der Hinrichtung die Knochen gebrochen wurden, die Tötungsmaschine des französischen Arztes Guillotin und Wachsrekonstruktionen von Mordopfern. Pikant ist das Instrumentarium aus einem Geheimbordell um 1900, grausam muten die Gerätschaften aus einem sadistischen Salon des 19. Jahrhunderts an. Mehr als 300 Kriminalfälle sind dokumentiert, darunter auch die Biografien von Meisterdieben und Heiratsschwindlern. Einblicke gibt es auch ins dunkle Wien der letzten 300 Jahre, in die Unterwelt.

Die Museumsgründung geht zurück auf das Jahr 1898, als zum 50-jährigen Dienstjubiläum von Kaiser Franz Joseph I. eine Ausstellung über die Arbeit der Polizei großen Anklang in der Bevölkerung fand. Schon 1899 wurde ein erstes provisorisches »k.k. Polizeimuseum« in den Räumen der Polizeidirektion eingerichtet. Fünf Jahre später siedelte es in ein neues Amtsgebäude um, wo es über mehrere Säle verfügen konnte. 1938 benötigte die Polizei die Räume für andere Zwecke, die Bestände wurden verlagert und fielen am Kriegsende einem Bombenangriff zum Opfer. Erst nach fast 50 Jahren wurde das Kriminalpolizeiliche Museum wiedereröffnet und 1991 mit dem seit 1967 existierenden Kriminalmuseum vereinigt.

Info: Östlich der Innenstadt, im 2. Bezirk gelegen. **Info Wiener Kriminalmuseum:** Große Sperlgasse 24, 1020 Wien, Tel. (01) 664 300 56 77, www.kriminalmuseum.at, Öffnungszeiten Di–So 10–17 Uhr, Eintritt € 8, ermäßigt € 4.

Ausgestellte Einbruchswerkzeuge im Wiener Kriminalmuseum.

Das Atelier des Malers Gustav Klimt in der Klimtvilla

Klimtvilla ➡ aC2
13., Feldmühlgasse 11
U4: Unter St. Veit, Tram 58
✆ (01) 876 11 25, www.klimtvilla.at
März–Dez. Mi–So 10–18 Uhr und auf Anfrage, im Winter geschl., Eintritt € 10/5
Der Maler Gustav Klimt (1862–1918) fand 1911 hier sein letztes Atelier. Das Gartenhaus an der Wiener Peripherie zeigt Bilder und bietet Veranstaltungen zum Meister des Jugendstils.

Kriminalmuseum ➡ F12
2., Große Sperlgasse 24
✆ (0664) 300 56 77, www.kriminalmuseum.at
Di–So 10–17 Uhr, Eintritt € 8/4 (bis 16 J.)
In einem der ältesten Häuser der Leopoldstadt, dem »Seifensiederhaus«, erfährt man, wie vom Mittelalter bis heute gemordet wurde. Dazu gibt es makabre Ausstellungsstücke aus dem Wiener Polizeiarchiv, Totenmasken und eine Darstellung der Wiener Unterwelt.

Kunsthistorisches Museum – KHM ➡ J10
1., Maria-Theresien-Platz
✆ (01) 52 52 40, www.khm.at
Di–So 10–18, Do bis 21, Juni–Aug. und Mitte Okt.–Mitte Jan. tägl. 10–18 Uhr
Frühstück im Café unter der Kuppel, Do 18.30–22 Uhr Gourmet-Abend
Eintritt € 16/12, bis 18 J. frei, das Ticket gilt auch für die Sammlungen des KHM in der Neuen Burg (Heldenplatz, Mo/Di geschl.; Ephesos Museum, Hofjagd- und

Großzügig und elegant: das Treppenhaus des Kunsthistorischen Museums

Rüstkammer und Sammlung alter Musikinstrumente). Wer öfter kommen mag, auch nur ins traumhaft schöne Café: Jahreskarte KHM € 34

Das Kunsthistorische Museum Wien wurde in einem Ranking der Londoner »Times« auf Platz sieben der »world's 50 greatest galleries« gewählt. Das Museum ist mit seinen kaiserlich-habsburgischen Sammlungen, der Kaiserlichen Schatzkammer Wien und der Kaiserlichen Wagenburg Wien eine der Top-Sehenswürdigkeiten und ein absolutes Muss. Allein der prachtvolle Treppenaufgang und das Café unter der Kuppel lohnen den Eintritt. Meisterwerke wie die umfangreichste Bruegel-Sammlung der Welt, die berühmte Saliera von Cellini, die Österreichische Kaiserkrone und die einzigartige Krone des heiligen Römischen Reichs sowie die Kutschen der Kaiserin Elisabeth lassen den Besuch zu einem Erlebnis werden.

Sensationell sind auch die Sonderausstellungen, wie beispielsweise die Gemälde des Spaniers Velázquez, zu denen Besucher und Kunstfans aus aller Welt pilgern.

Nach zehnjähriger Restaurierung wurde 2013 die **Kunstkammer Wien** wieder eröffnet. Rund 2200 einzigartige Sammlerstücke sind in Vitrinen zu sehen, darunter zierlichste Reliefs, in Elfenbein geschnitzt, filigrane Goldschmiedearbeiten und allerlei kunstvollste Glasgefäße.

Giuseppe Arcimboldos Gemälde »Der Sommer« (1563) im Kunsthistorischen Museum

Stolze Sammlungen kunstbegeisterter Habsburger

KUNSTHISTORISCHES MUSEUM

Wien

Wenn Niederländer die besten Gemälde ihres Landsmanns Pieter Bruegel d. Ä. sehen wollen, geht das nicht in Amsterdam oder einer anderen holländischen Stadt. Die größte Bruegel-Sammlung der Welt besitzt das Kunsthistorische Museum (KHM) in Wien. Wer Hochkaräter wie den »Großen Turmbau zu Babel«, »Bauerntanz«, »Bauernhochzeit«, »Kinderspiele« und »Bauer und Vogeldieb« bewundern will, muss nach Wien reisen. Die Werke sind so empfindlich, dass sie unter besonderen Umständen im KHM bewahrt und nie an andere Museen ausgeliehen werden. Wien ist Bruegel-Stadt.

Der Reichtum dieser weltweit bedeutenden Sammlung ist atemberaubend. Sammelleidenschaft und Repräsentationsbedürfnis der Habsburger haben sie hervorgebracht. Als die fürstliche Privatsammlung 1891 von Kaiser Franz Joseph I. eröffnet wurde, hatte das Haus angesichts der dort gehorteten Kunstschätze von schwer zu schätzendem Wert die Bedeutung einer sakralen Weihestätte. Die Habsburger zeigten, was sie besaßen und worauf sie – zu Recht – stolz waren. Die Ehrfurcht einflößende Galerie beeindruckte die Repräsentanten anderer europäischer Höfe – und noch heute Besucher aus aller Welt. Europaweit kauften die Habsburger Kunst ein, alle großen abendländischen Maler sind mit Hauptwerken vertreten.

Den Grundstock legte Erzherzog Leopold Wilhelm, der Bruder Kaiser Ferdinands III., im 17. Jahrhundert mit venezianischer Renaissancemalerei, darunter Tintoretto und Tizian, und Werken flämischer Meister wie Peter Paul Rubens und Anthonis Van Dyck. Vertreten sind auch Albrecht Dürer und Lucas Cranach d. Ä., Bosch, Vermeer, Rembrandt, Bellini und Raffael. Zudem beherbergt das Museum eine umfangreiche Ägyptisch-Orientalische Abteilung, eine hochkarätige Antikensammlung, ein Münzkabinett und eine mit mittelalterlichen und barocken Preziosen gefüllte Kunstkammer.

Kunstkenner können hier leicht ganze Tage verbringen. Der Prunkbau im Stil der Neorenaissance wurde 1871 bis 1891 am Ring vom Dresdner Baumeister Gottfried Semper und vom österreichischen Architekten Carl von Hasenauer errichtet. Pompöse Treppenaufgänge geleiten in imposante Empfangsfoyers und eine achteckige Kuppelhalle.

INFO: In der Innenstadt, im 1. Bezirk gelegen. **INFO KUNSTHISTORISCHES MUSEUM:** Maria-Theresien-Platz, 1010 Wien, Tel. (01) 52 52 40, www.khm.at, Öffnungszeiten Di–So, Juni–Aug. auch Mo 10–18, Do bis 21 Uhr, Eintritt € 16, ermäßigt € 12, bis 18 J. frei.

Das Kunsthistorische Museum besitzt die weltgrößte Bruegel-Sammlung, u. a. eine Version des »Turmbaus zu Babel« (1563).

Gartenbaumuseum

Österreichisches Gartenbaumuseum ➡ aD4
10., Laaer-Berg-Str. 211
Konditorei: Kurbadstr 12
✆ (01) 40 00 80 42
Mo–Fr 8–15, April–Okt. auch Do bis 18 Uhr
Konditorei tägl. 9–20 Uhr
Eintritt frei
Gartenbaumuseum auf ehemaligem Gartenschaugelände. Nahebei liegt die **Kurkonditorei Oberlaa**, die als die beste ihrer Art in ganz Österreich gilt.

MAK – Museum für angewandte Kunst ➡ H13
1., Stubenring 5
✆ (01) 711 36-0 und -248, www.mak.at
Tägl. außer Mo 10–18, Di bis 22 Uhr
Eintritt € 12/10, Familienkarte € 15, Di 18–22 Uhr € 5, Eintritt frei bis 18 J.
Das MAK wurde 1863 unter Kaiser Franz Josef I. als Museum für Kunst und Industrie gegründet. Das Ringstraßengebäude mit Sgraffitomalereien und Majolika-Porträts berühmter Künstler an der Fassade vollendete Heinrich Ferstel 1871 im Stil der Neorenaissance. Gezeigt werden europäisches und orientalisches Kunsthandwerk von der Romanik bis ins 20. Jh. Schwerpunkt sind Wiener Jugendstil und Biedermeier, Thonet-Möbel

Säulenhalle des Museums für angewandte Kunst

MAK-Schausammlung zum Thema Design/Kunstgewerbe 1890–1938

und Werke der Wiener Werkstätten, eines im Jahr 1903 gegründeten Ateliers für Kunsthandwerk.

Mozarthaus Vienna mit Mozartwohnung ➡ H12
1., Domgasse 5
✆ (01) 512 17 91
www.mozarthausvienna.at
Tägl. 10–19 Uhr, Eintritt € 11/9/8, bis 18 J. € 4,50, Familien (2 Erwachsene, bis zu 3 Kinder) € 24
Zwischen 1781 und 1791 wechselte Mozart in Wien elfmal die Wohnung, in dieser in der Domgasse – der einzigen heute noch erhaltenen –, blieb er drei Jahre, 1784–87. Auf dem Höhepunkt seines Ruhmes lebte er hier in der Beletage. Das Mozarthaus wurde umfangreich umgebaut und zu einem Zentrum für Leben und Werk des Komponistengenies. Die historische Mozartwohnung befindet sich im ersten Stock. »... ich versichere sie, dass hier ein herrlicher Ort ist – und für mein Metier der beste Ort von der Welt«, schrieb Mozart in einem Brief an seinen Vater, der ihn 1785 auch einmal dort besuchte.

Jedes Stockwerk ist heute nach einem thematischen Schwerpunkt eingerichtet: oben und in der Mitte geht es um Wien, Mozart und seine Musik im Allgemeinen. In der historischen Wohnung geht es vor allem um die Lebensverhältnisse des Komponisten und seiner Familie in Wien.

Wo der Maestro glücklich war

Mozarthaus Vienna

Wien

In seinen zehn Wiener Jahren wechselte Mozart elf Mal die Bleibe. In dieser Wohnung am Stephansdom aber – der einzigen seiner Unterkünfte, die erhalten blieb – lebte er drei Jahre von 1784 bis 1787. Recht herrschaftlich auf dem Höhepunkt seines Ruhms in der Beletage mit vier Zimmern, zwei Kabinetten und einer Küche. »... ich versichere sie, daß hier ein herrlicher ort ist – und für mein metier der beste ort von der welt«, schrieb er an Vater Leopold. Die Wohnräume des auch Figarohaus genannten Gebäudes (hier entstand »Figaros Hochzeit«) besaßen eine reiche Ausstattung mit Stuckdecken und gemalten Wanddekorationen. Einige Verzierungen wurden an Wänden freigelegt.

Multimediaraum im Mozarthaus Vienna.

Zum 250. Geburtstag des Musikers 2006 wurde das Mozarthaus für eine zweistellige Millionensumme zum Mozarthaus Vienna umgebaut, zu einem Zentrum für Leben und Werk des Komponisten. Der Rundgang beginnt im dritten Stock und endet in der historischen Mozart-Wohnung im ersten Stock. Jedes Stockwerk hat einen thematischen Schwerpunkt: oben Mozart und seine Zeit, in der Mitte geht es um berühmte Opern und Requien, in den Wohnräumen um Mozarts Lebensverhältnisse. Der Besucher schreitet durch das Tonnengewölbe, durch das auch der Meister schritt. Der historische Innenhof ist grundlegend saniert worden, behielt aber die Anmutung der Mozartjahre.

Die Möblierung in den Räumen ist sparsam, orientiert am historischen Design. In Paravents verläuft ein historisches Band, das mithilfe von Ausstellungsobjekten und Bildern in unterschiedlichen Holzrahmen den Alltag Wolfgang Amadeus Mozarts erzählt. Bemerkenswert ist die Geometrie der Räume, die Weg- und Blickachsen sowie hübsche Einzeldetails wie ein Fenster, ein Kamin oder Stuckaturen an Decke und Wänden. Diese Kubaturen bringen den Besuchern Mozart ganz nahe: Sie sehen, was er sah, gehen durch Räume, die er durchschritt. Erläuternde Texte stellen die damaligen Lebensbedingungen des Maestros dar. Ruhe und Intimität ermöglichen, sich mit dem *Genius loci* auf du und du zu bewegen. Die Jahre in dieser Wohnung, so Mozart-Biografen übereinstimmend, waren die glücklichsten seines kurzen Lebens.

Info: In der Innenstadt, im 1. Bezirk gelegen. **Info Mozarthaus Vienna:** Domgasse 5, 1010 Wien, Tel. (01) 512 17 91, www.mozarthausvienna.at, Öffnungszeiten tägl. 10–19 Uhr, Eintritt € 11, bis 18 J. € 4,50, Familien € 24.

Außenansicht
Mozarthaus
Vienna

MUSA Museum ➡ G9
Felderstraße 6-8
✆ (01) 4000 8400
www.wienmuseum.at
Tägl. außer Mo 10–18 Uhr, Eintritt frei, Teilnahme an öffentlichen Führungen gratis
MUSA Museum Startgalerie Artothek ist der Name für die Sammlung zeitgenössischer Kunst der Stadt Wien. Auf einer Ausstellungsfläche von fast 600 qm präsentiert es die größte Sammlung ihrer Art in Österreich und umfasst ca. 40 000 Objekte von etwa 4 500 Künstlern. Die Werke bieten einen Querschnitt durch die Wiener Kunstentwicklung der letzten Jahrzehnte. Auf Basis der Sammlung werden jährlich mehrere Ausstellungen mit Fokus auf die Wiener Szene realisiert.

3 MuseumsQuartier Wien ➡ J/K9/10
7., Museumsplatz 1–5
✆ (01) 523 58 81, www.mqw.at
Das **MuQua**, wie der Wiener es nennt, ist einer der zehn größten Kulturkomplexe der Welt. Auf einer Fläche von 60 000 m^2 bieten die einstigen kaiserlichen Hofstallungen Ausstellungsraum für moderne und zeitgenössische Kunst und Kultur. Der lang gestreckte Innenhof des barocken Gebäudes offeriert zusätzlich Platz für Gartenrestaurants, Cafés und Shops. Die Gebäude hinter der Fassade, alle Solitäre, sind nicht nur miteinander vernetzt, sondern auch durch Über- und Durchgänge, Gassen und Treppen verbunden.

MUSA Museum

2004 in der Kunsthalle Wien im MuseumsQuartier: Installation »Leisure Lady« (2001) des Nigerianers Yinka Shonibare

Museen im MuQua:

– **KUNSTHALLE Wien**
✆ (01) 521 89-0, www.kunsthallewien.at
Di–So 10–19, Do bis 21 Uhr, Eintritt € 8/6/2, bis 18 J. frei
Ausstellungsraum für internationale zeitgenössische Kunst. Programmschwerpunkte sind Fotografie, Installation, Video und Film.

– **Leopold Museum**
✆ (01) 525 70 26 45, www.leopoldmuseum.org
Tägl. außer Di 10–18, Do bis 21 Uhr
Eintritt € 14/10, Familien € 28
Lockt mit sehenswerter Muschelkalk-Fassade und Meisterwerken des Wiener Secessionismus, der Wiener Moderne und des österreichischen Expressionismus, darunter die weltweit größte Schiele-Sammlung sowie Werke von Klimt und Kokoschka.

Exponat im Leopold Museum: Gustav Klimts »Tod und Leben« (1911–15)

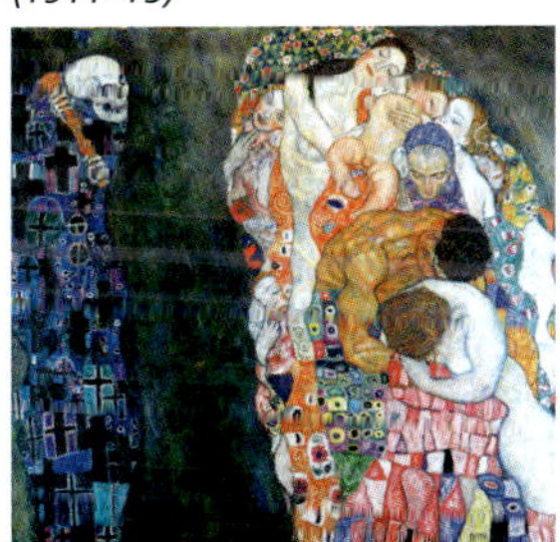

– **Museum Moderner Kunst Stiftung Ludwig (mumok)**
✆ (01) 525 00-0, www.mumok.at
Mo 14–19, Di–So 10–19, Do bis 21 Uhr
Eintritt € 12, bis 18 J. frei
Die Dauerausstellung des Kunsthauses läuft unter dem Titel »Museum der Wünsche«. Nach wie vor werden chronologisch wie thematisch geordnet Werke von der Klassischen Moderne bis zur aktuellen Gegen-

»Mitmachen« ist die Devise im ZOOM Kindermuseum

wartskunst gezeigt. Doch dazwischen wurden Exponate gerückt, die verdeutlichen, was sich die Museumsleitung für die kommenden Jahre wünscht. Es sollen »zukunftsorientierte Akzente« gesetzt werden – für groß angelegte monografische Einzelausstellungen wie für thematische Gruppenausstellungen.

– ZOOM Kindermuseum
Vgl. Mit Kindern in der Stadt, S. 178.

Gastronomie im MuQua:
Zehn Cafés und Restaurants gibt es im Museumsquartier, alle vorgestellt unter www.mqw.at/essentrinken, darunter auch der jüngste Neuzugang, CupCakes Wien im mumok. Hier vier im Detail:

– Halle
✆ (01) 523 70 01, www.diehalle.at
Tägl. 9–24, Küche bis 23 Uhr
Im stilvollen, denkmalgeschützten Ambiente der ehemaligen Winterreithalle wurde die historische Kaiserloge von Architekt Gregor Eichinger in ein äußerst modernes Café-Restaurant verwandelt – mit altem Stuck, Prunk und Pracht und einer außergewöhnli-

chen Raumhöhe. Serviert wird moderne Wiener und internationale Küche mit einer großen Auswahl fürs Frühstück.

– Kantine
✆ (01) 523 82 39, www.mq-kantine.at
So–Do 9–24, Fr/Sa 9–1 Uhr, DJ Fr/Sa ab 22 Uhr
Die zwischen Buchhandlung Prachner und Electric Avenue gelegene Kantine ist Treffpunkt für ein buntes Publikum – Besucher des MQ, MQ-Insider, Wiener und Touristen. Preisgünstige Wiener Gerichte und Tageskarte. Am Wochenende ab 22 Uhr Party mit DJ.

– Leopold
✆ (01) 522 23 91, www.cafeleopold.wien
Mo–Fr 9.30–1, Sa/So/Fei 9.30–24 Uhr
Das »Leopold« bietet Wiener Kaffeehaustradition, Snacks, warme Speisen und Mittagsmenüs. Abends Barbetrieb, Videoprojektionen österreichischer Experimentalfilmer und regelmäßige Musik-Events und DJ-Lines.

– Corbaci
✆ (06 64) 73 63 00 36, www.corbaci.at
Mo–Sa 11–24, So/Fei 11–23 Uhr
In traumhaft schönem Ambiente werden ausschließlich österreichische Spezialitäten serviert, von der Kürbiskernöl-Eierspeis bis zum Alt-Wiener Suppentopf und dem Wachauer Laberl.

Restaurant Corbaci im MuseumsQuartier

Naturhistorisches Museum ➡ J10
– 1., Burgring 7, Eingang Maria-Theresien-Platz
✆ (01) 52 17 70, www.nhm-wien.ac.at
Tägl. außer Di 9–18.30, Mi bis 21 Uhr, Eintritt € 12/10/7, bis 18 J. frei
– 9., Narrenturm, Spitalgasse 2
✆ (01) 52 17 76 06
Mi 10–18, Do, Sa 10–13 Uhr, Eintritt € 4/2
Ein Palast der Wissenschaft, baugleich mit dem gegenüber liegenden Kulturhistorischen Museum. Dazwischen thront das Maria-Theresien-Denkmal, Wiens größtes Habsburger-Monument. Das Museum beherbergt etwa 30 Mio. Sammlungsobjekte, weltberühmt sind die 25 000 Jahre alte Venus von Willendorf, die vor über 200 Jahren ausgestorbene Stellersche Seekuh und riesige Saurierskelette. Auch die weltweit größte und älteste Meteoritenschausammlung mit dem spektakulären Neuzuwachs, dem Marsmeteoriten Tissint, gehören zu den Höhepunkten des Rundgangs durch 39 Schausäle. Es gibt außerdem ein digitales Planetarium.

In den Forschungsabteilungen des Museums betreiben Wissenschaftler Grundlagenforschung in den

Dinosauriersaal im Naturhistorischen Museum

verschiedensten Gebieten der Erd-, Bio- und Humanwissenschaften.

Im Narrenturm ist die einzigartige Pathologisch-Anatomische Sammlung zu begutachten. Der Turm war Wiens erstes psychiatrisches Krankenhaus, eröffnet 1784. Die Sammlung pathologischer Präparate ist die umfangreichste der Welt.

Foyer des Österreichischen Filmmuseums

Österreichisches Filmmuseum ➡ J11
1., Augustinerstr. 1
✆ (01) 533 70 54, www.filmmuseum.at
Filmvorführungen vgl. Website
Das Museum ist ein Kino, die Ausstellungen finden auf der Leinwand statt. Bibliothek, Archiv und Sammlungen online.
Hier wird Kinogeschichte gemacht. Filme ab 1893 werden restauriert, Zeitdokumente gerettet. Gezeigt werden u.a. Trailer und Kurzfilme aus dem frühen 20. Jh.

Österreichisches Theatermuseum ➡ J11
1., Lobkowitzplatz 2
✆ (01) 525 24 34 60, www.theatermuseum.at
Tägl. außer Di 10–18 Uhr, Eintritt € 12/11/9, bis 18 J. frei
Das Palais Lobkowitz bietet dem Theatermuseum eine grandiose Bühne: Hinter dem Barockportal wird Theatergeschichte vom Sprechtheater bis zum Tanz, vom Puppenspiel bis zum Film und von der Pantomime bis zur Oper präsentiert. Kindern wird die Welt der Bühne spielerisch vermittelt.

Porzellanmanufaktur Augarten ➡ nördl. F12
Obere Augartenstr. 1
✆ (01) 21 12 42 00, www.augarten.at
Museum, Shop: Mo–Sa 10–18, So/Fei 10–17 Uhr
Manufaktur: Führung Mo–Fr 10.15, 11.30 Uhr (ohne Voranmeldung)
Eintritt Museum € 7/5, mit Führung Manufaktur € 14/12
Seit 1923 produziert die 1718 gegründete Manufaktur für Porzellan in filigranen Formen im ehemaligen kaiserlichen Lustschloss im Augarten. Zusehen bei der Handarbeit kann man im Rahmen einer Führung. Angeschlossen ist das Porzellanmuseum. Mit Café-Restaurant und Shop. Der Flagship-Store befindet sich im 1. Bezirk (Spiegelgasse 3, ✆ 01-512 14 94, tägl. außer So 10–18 Uhr).

Exponate zum Prater

Pratermuseum ➡ F15
2., Oswald-Thomas-Platz 1, Planetarium
✆ (01) 726 76 83, www.wienmuseum.at
Fr–So/Fei 10–13 und 14–18 Uhr, Eintritt € 4, bis 18 J. frei
Das Museum veranschaulicht die weit zurückreichende Geschichte des Praterareals. Bereits 1403 vermeldet eine Chronik, dass hier gejagt wurde, später war das abgeschlossene Jagdrevier der kaiserlichen Familie vorbehalten. 1766 ließ Kaiser Joseph II. den Prater für die Bevölkerung öffnen.

Schokomuseum ➡ aD3
23., Willendorfergasse 2–8
✆ (01) 667 21 10–19, www.schokomuseum.at
Mo–Sa 9–16, Winter auch So 10–16 Uhr, Führungen Mo–Do 14, Sa 10 und 11, Winter Fr 14 und So 11 Uhr, Eintritt € 8/6 (5–18 J.)
Es riecht gut in diesem Museum. Hier wird, gesponsert vom Konfektproduzenten Heindl, die Geschichte des dunklen Goldes dargestellt. Erlaubt ist auch ein Blick in die Produktion und es darf gekostet werden.

Schubert Geburtshaus ➡ aC3
9., Nußdorfer Str. 54
✆ (01) 317 36 01, www.wienmuseum.at
Tägl. außer Mo 10–13 und 14–18 Uhr, Eintritt € 5, bis 18 J. frei
Hier wurde »Franzl« am 31. Januar 1797 als Sohn eines Lehrers und zwölftes Kind der Familie in engen Verhältnissen geboren. Franz Schubert sollte später neun Symphonien, 16 Opern und etwa 600 Lieder schreiben. In seinem Geburtshaus wird dokumentiert, wie er zu seiner musikalischen Karriere kam.

Wiener Secessionsgebäude

Secession ➡ K10/11
1., Friedrichstr. 12, ✆ (01) 587 53 07, www.secession.at
Tägl. außer Mo 10–18 Uhr, Eintritt € 9,50/6, bis 9 J. frei
»Der Zeit ihre Kunst, der Kunst ihre Freiheit«, so das Eingangsmotto. Das Hauptwerk des Wiener Jugendstils von 1898, gekrönt von einer Kuppel mit Lorbeerzweigen aus vergoldeter Bronze, zeigt Wechselausstellungen zeitgenössischer Kunst. Architekt Joseph Maria Olbrich konzipierte das Gebäude, den berühmten Beethovenfries im Untergeschoss schuf Gustav Klimt 1902.

Aufbruch in die Moderne

WIENER SECESSION

Wien

Am Anfang war Opposition. 1892 wollten die Jungen Wilden demonstrativ etwas ganz Neues, ganz Anderes machen. Sie scharten sich um den Protagonisten Gustav Klimt, einst Historienmaler der Ringstraße und Meister der Alten Schule, jetzt Revolutionär. 1897 gründete er mit Koloman Moser, Josef Engelhart, Josef Hoffmann und anderen die bis heute bestehende Künstlervereinigung Secession.

Ihren Widerstand gegen das Establishment und den Historismus drückten die Secessionisten damit aus, dass sie sich in die Welt der Antike flüchteten.

Die Wiener Jugend verstand trotzdem, worum es ging, und zeigte Sympathie für die Aufmüpfigen, deren Schlagwort lautete: »Der Zeit ihre Kunst, der Kunst ihre Freiheit.« Das Motto steht bis heute in güldenen Lettern am Gebäude der Secession (1898) nahe dem Karlsplatz. Damals erwarteten die Künstler keine Anregungen mehr von der siechenden Monarchie, sie wollten Erneuerung, Fortschritt – gerade auch in der Kunst.

Die Historienpracht Wiens schmähten sie als »Potemkinsches Dorf«, die funktional-schönen Bauten eines Otto Wagner dagegen (Postsparkasse, Stadtbahn) galten als modern. Das Secessionshaus war ein Zufluchtsort am Vorabend des Umbruchs in Europa und des Untergangs der Donaumonarchie. Wegen seiner vergoldeten Lorbeerblätter erhielt es in der Bevölkerung den Spitznamen *Krauthappel* (Kohlkopf). Bis heute wirkt das Gebäude fremd wie der Tempel einer wunderlichen Sekte.

Sein Inneres ist völlig offen, ein Raum für alles – heiliger Gral, Meditationsstätte, Ort der Revolutionsplanung. Offen wollte man zur Zukunft hin sein, nicht rückwärts orientiert wie die Traditionalisten.

»Der Zeit ihre Kunst, der Kunst ihre Freiheit«: am Ausstellungsgebäude der Wiener Secession.

Die Secession ist nur vor dem Hintergrund der wirtschaftlichen und sozialen Umbruchsituation zu verstehen, in Wahrheit waren ihre Anhänger Aussteiger, die sich nach einer anderen Welt sehnten, nach Schönheit, Poesie und Empfindsamkeit. Erklärtes Ziel war es, die einzelnen Künste – Architektur, Malerei, Skulptur und Musik – in einem großen Gesamtkunstwerk zusammenzuführen.

Später liefen der Bewegung die Väter weg. Klimt distanzierte sich, Wagner machte als Architekt Karriere – die Secession blieb eine Art Pubertätsfieber. Als zeithistorisches Dokument ist das extravagante Gebäude geblieben, in dem heute Wechselausstellungen gezeigt werden.

INFO: In der Innenstadt, im 1. Bezirk gelegen. **INFO WIENER SECESSION:** Friedrichstr. 12, 1010 Wien, Tel. (01) 587 53 07, www.secession.at, Öffnungszeiten Di–So 10–18 Uhr, Führungen (€ 3) jeden Sa 14 Uhr und nach Vereinbarung, Eintritt € 9,50, ermäßigt € 6.

Konzeptkunst im Sigmund Freud Museum Wien: »Liège« (1989) des Wiener Künstlers Franz West

5 Sigmund Freud Museum

➡ F10

9., Berggasse 19
✆ (01) 319 15 96
www.freud-museum.at
Bis Mai 2020 wegen Restaurierung geschl. Ausweichquartiere in der Berggasse 13 und Liechtensteinstraße 19 (tägl. 10–18 Uhr, Eintritt € 9/6)

Kaum eine der großen Persönlichkeiten des 20. Jh. gehört so zu Wien wie Sigmund Freud (1856–1939), der hier 78 Jahre lebte und bis zu seiner Emigration nach London praktizierte. Der Vater der Psychoanalyse, die nicht nur eine Behandlungsform ist, sondern eine neue Sicht auf den Menschen eröffnete, hat die Zivilisationsgeschichte nachhaltig beeinflusst.

Das Museum befindet sich in den Räumen seiner einstigen Praxis und Wohnung und ist teilweise noch original möbliert. Die berühmte Couch steht hier allerdings nicht, sie wurde nach Freuds Emigration nach London gebracht.

Die österreichische Kaiserin Elisabeth, »Sisi«, die erste »Königin der Herzen«, hat seit 2004 ein eigenes Museum in der Hofburg

Sisi Museum und Kaiserappartements ➡ H10/11

1., Michaelerkuppel (Hofburg)
✆ (01) 533 75 70-15, www.hofburg-wien.at
Tägl. 9–17.30, Juli/Aug. bis 18 Uhr
Eintritt € 15/9 (6–18 J.) inkl. Audioguide

An Kaiserin Elisabeth (1837–98) kommt man in Wien nicht vorbei. Sie ist als Sisi allgegenwärtig im Souvenirkitsch, voller Anmut und Grazie in Stein gehauen im Volksgarten und auch in dem 2004 eröffneten eigenen Museum. Die Ehefrau von Franz Joseph I. (1830–1916) wird geliebt und verehrt. Am 10. September 1898 wurde sie am Genfer See von einem italienischen Anarchisten ermordet.

Erstmals ist das Leben der schönen, aber melancholischen Wittelsbacherin, die als junge bayerische Dichterin Heinrich Heine zum Vorbild hatte, lückenlos dargestellt – samt Polterabendkleid, Sonnenschirm und Handschuhen. Auch eine Rekonstruktion des begehbaren Hofsalonwagens sowie das Stilett, das ihr den

Dr. Freuds Hintertür

Sigmund Freud Museum

Wien

Wer diese Praxis betreten will, braucht keinen Termin. Man läutet und es wird einem freundlich aufgetan. Die Wohnung von Sigmund Freud, dem Vater der Psychoanalyse, liegt in einem noch immer von mehreren Parteien bewohnten Gründerzeitgebäude. Der private Charakter des Besuchs in der musealisierten Wohnung verstärkt sich im Flur, wo der Gast seinen Mantel an dieselbe Garderobe hängt wie einst die Familie Freud. Gehstock und Hut von Freud sind immer noch dort.

Vater der Psychoanalyse: Sigmund Freud (1856–1939).

47 Jahre, von 1891 bis 1938, hat der Kundschafter des Seelenlebens in diesen Räumen verbracht, hier empfing er seine Patienten, entstanden seine wichtigsten Bücher, bangte er um Kinder, Schwiegerkinder und Enkel, von denen einige schwermütig waren.

Freuds Alltag war streng geregelt. Neun Stunden Therapie, nur unterbrochen durch das Mittagessen. Immer genau 13 Uhr, stets drei Gänge: Suppe, Fleisch mit Beilage, Mehlspeise. Abends Arbeit am Schreibtisch, der stand am Fenster des Arbeitszimmers, mit schönem Blick in den mit Kastanien bewachsenen Hinterhof. Der Raum ist leer, eine bewusste Provokation, die an den Bruch in Freuds Biografie durch die Emigration erinnert. Nur Fotos an den Wänden, im Regal einige Bücher.

Das Genie war ein Patriarch, manchmal ein Tyrann. Einzige Ausnahme war Minna, die Schwester von Freuds Gattin Martha, die ein Zimmer neben dem Schlafgemach des Ehepaars hatte. Freud pflegte über viele Jahre ein Verhältnis mit Minna, durch eine kleine Tür, immer noch vorhanden, schlüpfte er regelmäßig in den Ehebruch.

In einem eigens eingerichteten Medienraum schauen Besucher sich die wenigen erhaltenen Film- und Tondokumente von Sigmund Freud von 1930 bis 1939 an. Was fehlt, ist die berühmte Couch. Freud nahm sie mit, als er nach London emigrierte, dort steht sie nun im Museum.

Die Idee, seine Patienten bequem zu lagern, damit sie körperlich entlastet über ihr Innerstes reden, kam nicht von ihm, sondern einer vermögenden Patientin. Sie schenkte ihm den Diwan, ein Möbel, das zum Inbegriff der Psychotherapie wurde.

Das Museum wurde 1971 mit Hilfe seiner jüngsten Tochter Anna eingerichtet. Dort finden auch Konferenzen und Symposien zu psychoanalytischen Themen statt. Und wer einmal in Freuds ehemaligem Salon speisen möchte, kann den Service »Dinner im Museum« für bis zu zwölf Personen buchen.

Info: Nördlich der Innenstadt, im 9. Bezirk gelegen. **Info Sigmund Freud Museum Wien:** Berggasse 19, 1090 Wien, Tel. (01) 319 15 96, www.freud-museum.at, Öffnungszeiten tägl. 10–18 Uhr, Eintritt € 9, ermäßigt € 6, bis 18 J. € 3, wegen Restaurierung bis Mai 2020 geschl. Ausweichquartiere in der Berggasse 13 und Liechtensteinstraße 19.

Die erste »Königin der Herzen«

Sisi Museum

Wien

Die Feile in der Vitrine, sorgsam ausgeleuchtet, sieht seltsam lächerlich aus. Im September 1898 ist Elisabeth (1837–98), die Ehefrau von Kaiser Franz Joseph I., in Genf. Der italienische Anarchist Luigi Lucheni braucht ein prominentes Opfer. Als Sisi, wie sie am Wiener Hof genannt wird, in Begleitung ihrer Hofdame zur Schiffsanlegstelle geht, stürzt er sich auf sie und treibt ihr eine Feile in die Brust. Sisi bricht auf dem Schiff zusammen, noch am selben Tag stirbt sie. Noch heute fallen Besucherinnen vor der Vitrine mit dem Mordwerkzeug in Ohnmacht, andere weinen. Sisi war die erste »Königin der Herzen«.

Sie war aber auch die erste Fürstin, die im Blickpunkt der Medien stand, und die erste Bulimie-Kranke, bei der alle Symptome dieser modernen Krankheit festgestellt wurden. Sie war eine stets Unverstandene, einsam inmitten eines Intrigantenstadels aus Hofschranzen.

Als der Kaiser sie heiratete, war sie noch ein Kind, 16 Jahre alt. Sie sollte einen Stammhalter zur Welt bringen, aber die melancholische bayerische Wittelsbacherin wollte eigentlich Dichterin werden, ausgerechnet der aufmüpfige Heinrich Heine war ihr Vorbild, sie schrieb ihm Briefe.

Die Krönung von Kaiserin Elisabeth von Österreich zur Königin von Ungarn (1867).

Im Museum, das seit 2004 in den Stephan-Appartements untergebracht ist, sind Sisis Polterabendkleid, Morgenmantel, Sonnenschirm und die Fächer zu sehen. Ihr Halsband, ihre Trinkgefäße, Statuen und Statuetten. Ihre Büste aus Carraramarmor, ihr Bett, zusammenklappbar, um es auf Reisen mitnehmen zu können. Ihr Schreibtisch, ihr Badezimmer, ihr Turnzimmer mit Sprossenwand, die Toilette, die niemand außer ihr benutzen durfte. Dazu Briefe, Telegramme, Parfumflakons, das Zahnhygienebesteck. Sie litt unter Schlaflosigkeit, »vielwöchentlich«.

Der Bühnenbildner Rolf Langenfass hat all die Memorabilien inszeniert, er war auch maßgeblich an der Neugestaltung im Jahr 2009 beteiligt. Sisi war eine der ersten Wellnessreisenden, stets auf der Suche nach Erleichterung, durch ganz Europa unterwegs im plüschigen Hofsalonwagen. Immer allein auf Reisen, denn nach vier Kindern hatten sich der Kaiser und die Kaiserin nichts mehr zu sagen. Ihr Leben wird in diesem Museum inszeniert wie ein Hollywoodfilm, in Wahrheit war es einsam.

Info: In der Innenstadt, im 1. Bezirk gelegen. **Info Sisi Museum:** Hofburg, 1010 Wien, Tel. (01) 533 75 70, www.hofburg-wien.at, Öffnungszeiten tägl. 9–17.30, Juli/Aug. bis 18 Uhr, Eintritt € 15, ermäßigt € 14, bis 18 J. € 9 (inkl. Kaiserappartements und Silberkammer), Zugang zur Hofburg vom Michaelerplatz oder der Ringstraße.

Streifzug durch die Welt der Uhren im Uhrenmuseum am Schulhof

Tod brachte, sind ausgestellt. Es werden verschiedene Führungen, auch eigens für Kinder, angeboten.

Technisches Museum ➡ aC3
14., Mariahilfer Str. 212
✆ (01) 899 98-0, www.tmw.ac.at
Mo–Fr 9–18, Sa/So 10–18 Uhr, Eintritt € 9/6/4
Riesige Technikausstellung in geschickter Anordnung, verspielt, interaktive Möglichkeiten, viele Events, gute Atmosphäre. Einst Hort verstaubter Sammelsurien, jetzt ein Ort, an dem Geschichte lebendig dargeboten wird. Vorbildlich.

Uhrenmuseum ➡ H11
1., Schulhof 2
✆ (01) 533 22 65, www.wienmuseum.at
Tägl. außer Mo 10–18 Uhr, Eintritt € 7/5, bis 18 J. frei
Eine astronomische Uhr, deren Zeiger für eine einzige Umdrehung 20 904 Jahre braucht. Eine Bilderuhr mit Wasserfall. Die Augsburger Monstranzuhr von 1680, die Tierkreiszeichen, Mondphasen, Monate, Datum und Uhrzeit anzeigt. Uhren und andere Kuriosa der Zeitmessung. Untergebracht im reizvollen frühbarocken Giebelpalais des einstigen Stadtgarde-Kommandanten. Zu jeder vollen Stunden bimmelt, gongt und scheppert es munter drauflos in drei Stockwerken.

Korridor des Staunens im Schaudepot des Weltmuseums Wien

Viktor Frankl Museum ➡ F/G8
9., Mariannengasse 1/15
✆ (01) 699 10 96 10 68
www.franklzentrum.org
Mo, Fr/Sa 13–18 Uhr
Führungen auf Anfrage außerhalb der Besuchszeiten.
Eintritt € 8/6
Zum 110. Geburtstag des Begründers der Logotherapie und der Dritten Wiener Schule der Psychotherapie wurde im März 2015 das weltweit erste Frankl-Museum in jenem Haus eröffnet, in dem der berühmte Arzt und Philosoph bis zu seinem Tod 1997 lebte. Eine interessante Ausstellung zum Thema Chancen und Potentiale des Menschen.

Viktor Frankl Museum

Weltmuseum Wien ➡ J10
1., Neue Burg, Heldenplatz
✆ (01) 534 30 50 52, www.weltmuseumwien.at
Tägl. außer Mi 10–18, Fr bis 21 Uhr
Eintritt € 12/9, bis 18 J. frei
Das Museum mit Sitz in der Wiener Hofburg besitzt eine der bedeutendsten ethnologischen Sammlungen

der Welt. Die meisten Objekte brachte Erzherzog Franz Ferdinand von seiner Weltreise 1892/93 nach Wien. Auch Mitbringsel des Weltreisenden James Cook, v.a. aus Ozeanien und Nordamerika, sind zu sehen. Zu den Schätzen gehören 25 000 historische Fotoaufnahmen, Federarbeiten aus Mexiko und Bronzen aus dem westafrikanischen Benin.

Wien Museum Karlsplatz ➡ K12
4., Karlsplatz 8
✆ (01) 505 87 47, www.wienmuseum.at
Wegen Umbau seit Feb. 2019 geschl., voraussichtliche Wiedereröffnung 2022, Ausweichquartier ist das MUSA Museum
Das Museum, das 2006 durch einen Umbau vergrößert und modernisiert wurde, widmet sich ausführlich der Geschichte der Stadt. Zu sehen ist außerdem eine reiche Sammlung an Kunst, die in unmittelbarer Verbindung zu Wien steht, u. a. Gemälde von Klimt und Schiele.

Ab 2022 erfährt man wieder alles Wichtige zur Geschichte Wiens im Wien Museum Karlsplatz

Kirchen und Synagogen

Jesuitenkirche ➡ H12
1., Dr.-Ignaz-Seipel-Platz
Die Kirche von 1627 gestaltete der Baumeister und Maler Andrea Pozzo 1703–07 um. Besonders sehenswert sind die Deckenfresken im Tonnengewölbe des Langhauses mit einer perspektivischen Scheinkuppel.

Kapuzinergruft ➡ J11
1., Tegetthoffstr. 2
✆ (01) 512 68 53, www.kapuzinergruft.com
Tägl. 10–18, Do ab 9 Uhr, Führungen Mi–Sa 14, Mai–Okt. auch So 14 Uhr
Eintritt € 7,50/6,50/4,50, Familienkarte € 16,50
Alles, was in der Dynastie Habsburg-Lothringen Rang und Namen hatte, wurde seit 1633 hier beigesetzt. Nach umfassender Renovierung glänzt die Katakombe in geheimnisvollem Licht.

Kirche am Steinhof ➡ aC2
14., Baumgartner Höhe 1
Bus 48 A ab Dr. Karl-Renner-Ring oder 47 A ab U-Bahn-Station Unter St. Veit

Größter Sakralbau des Jugendstils: die Kirche am Steinhof von Otto Wagner

Imposanter Innenraum der Peterskirche

✆ (01) 91 06 01 12 04, www.wien.info
Sa 16–17, So 12–16 Uhr, Führung Sa 15, So 16 Uhr, Führung € 12/10
Der Steinhof ist die »Heil- und Pflegeanstalt der Gemeinde Wien«, ihre Kirche ein bedeutendes Sakralbauwerk des österreichischen Jugendstils. Sie stammt von Otto Wagner, der auch die gesamte Anlage konzipierte. Der monumentale Bau imponiert durch seine Schlichtheit, die grüne Kuppel erscheint gewaltig. Der Jugendstilcharakter kommt im Inneren noch stärker zum Ausdruck. Markant sind vor allem Glasfenster, Lampen und Kulteinrichtungen.

Peterskirche ➡ G10
1 , Petersplatz 6
✆ (01) 533 64 33
Mo–Fr 7–20, Sa/So/Fei 8–21 Uhr
Barockkirche, die 1702 von Gabriele Montani begonnen und 1733 von Lukas von Hildebrandt vollendet wurde. An dieser Stelle soll sich in spätrömischer Zeit das erste christliche Sanktuarium befunden haben.

Historisch nicht bewiesen ist die Neugründung unter Karl dem Großen, wie es ein Schild an der Ostfassade behauptet. Eine Kuppel überwölbt ein Schiff von 56 m Durchmesser, die Kanzel setzt auf die theatralische Wirkung des Hochbarocks.

Gotteshaus mit großer Geschichte: im Innenraum der Domkirche St. Stephan

❶ Stephansdom ➡ H12
1., Stephansplatz 3
✆ (01) 515 52 37 67, www.stephanskirche.at
Dom Mo–Sa 6–22, So/Fei 7–22 Uhr, Führung tägl. 15 Uhr (€ 6, bis 14 J. € 2,50), außerdem Selbstführungen durch Wiener Fremdenführer
Katakomben nur mit Führung Mo–Sa 10–11.30 und 13.30–16.30, So/Fei 13.30–16.30 Uhr
Eintritt € 6/2,50 (bis 14 J.)
Der Stephansdom wurde im Zweiten Weltkrieg zerstört, ist aber für die österreichische Identität so bedeutend, dass alle Bundesländer zu seinem Wiederaufbau beitrugen. Einst standen hier drei romanische Kirchen, von denen nur noch das Riesentor und die Heidentürme erhalten blieben und in den Dombau integriert wurden. Der Stephansdom ist das bedeutendste Bauwerk der Hoch- und Spätgotik Österreichs.

In den **Katakomben** werden Eingeweide der Habsburger aufbewahrt.

Synagoge ➡ G12
1., Seitenstettengasse 2–4, ✆ (01) 535 04 31
Die 1826 vollendete Synagoge ist die älteste und größte

Gotteshaus mit großer Geschichte

Stephansdom

Wien

Geht es um seinen Steffl, kennt Anton Faber keine Gnade. Der Chef von zehn Priestern, einer Köchin und »weiters 30 bis 40 seelsorgerlichen Helfern« schwärmt hemmungslos. »Mein Leben gehört dem Dom. Ich habe einen Traumberuf.« Religiöses Customer-Relationship-Marketing betreibe der Pfarrer, schrieb eine Wiener Zeitung. Seine Arbeit prägen weder Berührungsängste vor den Zielgruppen noch Medienscheu. Die urchristliche Rolle des Menschenfischers hat der smarte Priester in zeitgemäßes Networking umgesetzt. Und er hat – von Gesprächsforen über Musicals und andere Events bis zum Papstbesuch 2007 – Erfolg damit. »Auch ein barockes Hochamt bedarf heute einiger Inszenierungen«, erklärt er.

Der Stephansdom ist für die österreichische Identität so wichtig, dass nach den Zerstörungen des Zweiten Weltkriegs alle Bundesländer zu seinem Wiederaufbau beigetragen haben. Das Wiener Wahrzeichen, der bedeutendste Bau der Hoch- und Spätgotik Österreichs, ist 136,50 Meter hoch und weithin sichtbar.

1359 begann der Neubau des Doms auf den Fundamenten vorheriger Kirchen. 1443 war der Südturm vollendet, 1511 der Nordturm. Die Pummerin, eine drei Meter hohe und mehr als drei Tonnen schwere Glocke, wurde 1683 aus erbeuteten türkischen Kanonen gegossen. Die Türmerstube des Südturms ist über 343 Stufen zu erreichen. Die Aussicht von dort ist grandios. 3500 Quadratmeter Grundfläche haben die drei Schiffe des Doms, am höchsten ist das Mittelschiff mit 28 Metern.

Im Seitenschiff rechts befindet sich das prachtvolle Hochgrab von Kaiser Friedrich III. aus rotem Marmor. Reichsapfel, Zepter und das Motto *AEIOU*, gedeutet als *Austria erit in orbe ultima* (Österreich wird ewig sein oder Alles Erdreich ist Österreich untertan), verkörpern den früheren Anspruch der Nation. In der Domherrengruft werden seit dem 14. Jahrhundert kirchliche Würdenträger begraben, auch Anton Fabers sterbliche Überreste werden dort einmal aufbewahrt werden. Er kennt schon die Nische, die für den Zinnsarg mit seinem Leichnam reserviert ist.

Info: In der Innenstadt, im 1. Bezirk gelegen. **Info Stephansdom:** Stephansplatz 3, 1010 Wien, Tel. (01) 515 52 37 67, www.stephanskirche.at, Öffnungszeiten Mo–Sa 6–22, So/Fei 7–22 Uhr, Führungen durch Dom und Katakomben im Programm.

Eines der Wiener Wahrzeichen: der Stephansdom.

Innenraum der ältesten Synagoge Wiens

Wiens und die einzige, die den 1938 einsetzenden Terror gegen die jüdische Bevölkerung überstand.

Wotruba-Kirche ➡ aD2
23., Ottillingerplatz 1 (Ecke Rysergasse/Georgsgasse)
S9: Liesing, dann Bus 60 A
✆ (01) 888 50 03, www.georgenberg.at
Sa 14–20, So/Fei 9–16.30 Uhr
Führung nur nach Anmeldung: ✆ (06 50) 332 48 33
Hier wird Skulptur in Architektur verwandelt. Rohe, ineinander verschobene längs- und rechteckige Betonkörper sind zusammengefügt zu einer kantigen Masse. Fritz Wotruba (1907–75) baute die Kirche »Zur Heiligsten Dreifaltigkeit« aus 152 asymmetrisch aufgetürmten Blöcken wie eine ins Maßlose gesteigerte Plastik. Der Wiener Akademieprofessor galt nach dem Zweiten Weltkrieg als Pionier der architektonischen Moderne. Für ihn »scheinbares Chaos zur harmonischen Einheit«, für manche Gläubige ein Affront. Das dynamische Raum-Körper-Gebilde gewährt dem Besucher ungewöhnliche Perspektiven: Durchblicke, Licht- und Schattenwirkungen. Massiv, aber schlicht ist der Marmorblock des Altars und ebenso das sogenannte Wotruba-Kreuz.

Altar der Wotruba-Kirche

Die Mystik des Raumes

Kirche Zur Heiligsten Dreifaltigkeit

Wien

Eine zarte Frau inspirierte einen starken Mann: Margarethe Ottilinger hatte in den 1960er Jahren Sorge um das christliche Abendland und wollte ihm ein Bollwerk setzen. Neben dem Architekten Fritz G. Mayr fiel ihre Wahl auf den Bildhauer Fritz Wotruba (1907–75), der bekannt war für die archaische Stilisierung mit kubischen Formelementen, wobei er die kantig-blockhafte Grundstruktur des Steins in den Vordergrund rückte. 1964 wurde der Plan gefasst, 152 massive Betonblöcke ohne Symmetrie übereinander zu stapeln und dazwischen nur schmale, unterschiedlich hohe Fensteröffnungen einzuklinken. Der Bau sollte in Wien-Mauer am Rande der Stadt, im 23. Bezirk, entstehen, in einer Gegend am beginnenden Wienerwald, die zuvor Niemandsland war. Das Grundstück befand sich auf dem Sankt-Georgen-Berg. Doch es dauerte zwölf Jahre, bis die empörten Wiener Katholiken die Realisierung zuließen. Als das wuchtige Gotteshaus Ende 1976 geweiht wurde, war Wotruba bereits verstorben. Der Künstler wollte nach eigenen Worten »etwas gestalten, das zeigt, dass Armut nicht hässlich sein muss, dass Entsagen in einer Umgebung sein kann, die trotz größter Einfachheit schön ist und auch glücklich macht.«

Die Kirche zur Heiligsten Dreifaltigkeit, auch Wotrubakirche genannt.

Die Kirche ist angelegt als Raumskulptur, die Schichtung der Betonkuben entspricht den plastischen Vorstellungen des Künstlers. Sein Ziel war, die Pfeiler rhythmisch aufzubauen und sie dadurch zu einer durchbrochenen Wand zu reihen. Die Decke ist einfach aufgelegt und wirkt wie eine provisorische Abdeckung. Das Gesamtgewicht des Baukörpers beläuft sich auf über 4000 Tonnen.

Die Kirche ist eine große, begehbare Plastik, die als markanter Solitär in der Landschaft steht, im Inneren entfaltet sich eine Mystik des Raums. Menschen, die die Kirche besuchen, stehen davor und staunen. Das hätte Margarethe Ottilinger gefallen.

Info: Am Rand des Wienerwalds im 23. Bezirk gelegen. **Info Kirche Zur Heiligsten Dreifaltigkeit:** Mauer, Ecke Georgsgasse/Rysergasse, 1230 Wien, Tel. (01) 888 61 47, www.georgenberg.at, Öffnungszeiten Sa 14–20, So/Fei 9–16.30 Uhr, Führungen nach telefonischer Vereinbarung.

Gotische Passage im Alten Rathaus Wien

Architektur und andere Sehenswürdigkeiten

Alte Universität ➡ H12
1., Dr.-Ignaz-Seipel-Platz 1
Der imponierende klassizistische Bau zwischen Bäckerstraße und Schönlaterngasse belegt den Einfluss französischer Palastarchitektur auf das Wiener Bauen Mitte des 18. Jh. 1755 wurde der Gebäudekomplex nach Entwürfen des lothringischen Architekten Jean Nicolas Jadot vollendet, seit 1857 ist er Sitz der Akademie der Wissenschaften. Besonders schön ist die Aula ausgefallen, die allerdings in der Regel nur im Rahmen von Führungen besichtigt werden kann.

Altes Rathaus ➡ G11
1., Wipplingerstr. 8
Im Kern ist der Gebäudekomplex gotisch, um 1700 erhielt er eine Barockfassade. Bis 1888 residierte hier die Stadtverwaltung. Im Hof ist der **Andromeda-Brunnen** von 1741 zu bewundern, geschaffen vom Barockmeister Georg Raphael Donner. Die **Salvatorkapelle** mit prachtvollem Renaissanceportal von 1360 in der Salvatorgasse wurde in die Anlage integriert.

6 **Belvedere** ➡ L/M13
Unteres Belvedere und Orangerie, 3., Rennweg 6
Oberes Belvedere, Prinz-Eugen-Str. 27
✆ (01) 795 57-0, www.belvedere.at
Tägl. Oberes Belvedere 9–18, Unteres Belvedere und Orangerie 10–18, beide Fr bis 21 Uhr; Gärten tägl. 6 Uhr bis zur Dämmerung
Eintritt € 16 bzw. 14, bis 18 J. frei

Parlamentsdach und Rathaus

Eine der schönsten Barockanlagen Europas

Schloss Belvedere

Wien

Sehr wahrscheinlich litt er am Napoleon-Syndrom. Prinz Eugen von Savoyen (1663–1736), ein kleinwüchsiger, wenig ansehnlicher Mann, sah nicht wie ein Held aus. Aber wie der Winzling Napoleon wollte er der Welt zeigen, dass er ein Großer war. Er wurde der erfolgreichste General in der Geschichte Österreichs. Drei Kaisern diente er und führte das habsburgische Heer im Kampf gegen die Wien belagernden Türken zum Sieg. Das war 1697 und brachte dem Kaiserreich zudem ganz Ungarn, Siebenbürgen, Slawonien und Kroatien als Beute ein. Als Prinz Eugen 1717 auch noch das serbische Belgrad eroberte, wurde er legendär. Preußenkönig Friedrich der Große äußerte bewundernd über den Feldmarschall: »Eigentlich war er Kaiser ...«

Schloss Belvedere, einstiger Wohnsitz des legendären Feldherrn Prinz Eugen von Savoyen.

Prinz Eugen war aber auch ein großer Förderer der Wissenschaften und Künste, Sammler, Mäzen und Gartenliebhaber. Das Lustschloss Belvedere war sein Sommersitz. Es ist unterteilt in das Untere Belvedere (1716), den Wohnsitz des Militärs, und das Obere Belvedere (1722), einen Ort der Repräsentation. Das Ensemble gehört zu den schönsten Barockanlagen Wiens und genießt nach grundlegender Restaurierung hohen Besucherzuspruch. Das Untere Belvedere wirkt nüchtern, besitzt aber pompöse Räume. Im Oberen Belvedere wurde Barockkunst in der Kaiserlichen Gemäldegalerie von Joseph II. ausgestellt. Hier residierte Thronfolger Franz Ferdinand bis zu seiner Ermordung in Sarajevo 1914. Im Marmorsaal wurde 1955 der Staatsvertrag unterzeichnet, der Österreich aus der Kontrolle der Alliierten entließ. Heute ist Kunst des 19. und 20. Jahrhunderts zu sehen. In der Orangerie ist ein Museum mittelalterlicher österreichischer Kunst untergebracht.

Der Schlosspark im französischen Stil gehört zu den wichtigsten barocken Gartenanlagen Europas. Prinz Eugen ließ ihn von Architekturstars seiner Zeit, darunter der Versailles-Gartenschöpfer André Le Nôtre, anlegen. Der Park zeigt die barocke Vorstellung einer idealen, vom Menschen bestimmten Naturgestaltung: Geometrische Strenge, raumgreifende Wegachsen, Pflanzen in Formschnitten, kunstvolle Blumenbeete, Fortsetzung der Innenräume des Schlosses in der auf Weite abzielenden perspektivischen Anlage des Gartens. Ein wunderbarer Ort zum Spazieren und Lustwandeln.

Info: Im 4. Bezirk, südlich der Innenstadt gelegen. **Info Oberes Belvedere (Sammlung):** Prinz-Eugen-Str. 27, 1030 Wien, Tel. (01) 79 55 70, www.belvedere.at, Öffnungszeiten tägl. 9–18, Fr. bis 21 Uhr, Eintritt € 16, bis 18 J. frei. **Info Unteres Belvedere, Orangerie:** Rennweg 6, Wien, Tel. (01) 79 55 70, www.belvedere.at, Öffnungszeiten tägl. 10–18, Fr bis 21 Uhr, Eintritt € 14, bis 18 J. frei, Kombiticket für beide Häuser € 22, bis 18 J. frei.

Eine der schönsten Barockanlagen Europas: Schloss Belvedere – Blick auf das Untere Belvedere

Nach seiner grundlegenden Restaurierung bricht das Schloss heute sämtliche Besucherrekorde. Das eher nüchtern wirkende **Untere Belvedere** wurde 1716 als Wohnpalais von Prinz Eugen von Savoyen, dem erfolgreichsten General in der Geschichte Österreichs, vollendet und nahm dessen Kunstsammlung auf. Heute ist hier Barockkunst ausgestellt.

Das zu Repräsentationszwecken bestimmte, überaus prunkvolle **Obere Belvedere** ließ Kaiser Joseph II. als **Kaiserliche Gemäldegalerie** einrichten. Hier residierte Thronfolger Franz Ferdinand ab 1894 bis zu seiner Ermordung in Sarajevo 1914. 1955 wurde im Marmorsaal der Staatsvertrag unterzeichnet, der Österreich aus der Kontrolle der Alliierten entließ. Heute wird hier Kunst des 19. und 20. Jh. gezeigt. Im Oberen Belvederere zeigt das **Museum mittelalterlicher österreichischer Kunst** Skulpturen und Tafelmalerei vom 12. bis frühen 16. Jh.

An den Belvederegarten grenzt der **Botanische Garten**, der öffentlich zugänglich ist.

Österreichische Galerie im Oberen Belvedere: Gustav Klimts »Der Kuß« (1907/08)

Dorotheum ➡ J11
1., Dorotheergasse 17
✆ (01) 515 60-0, www.dorotheum.com
Foyer und Schauräume sind Mo–Fr 10–18, Sa 9–17 Uhr zugänglich
Das Auktionshaus für Kunst und angewandte Kunst ist nach dem britischen Sotheby's Nummer zwei in Europa und geht auf eine Gründung als Pfandhaus durch Kaiser Joseph I. im Jahr 1707 zurück. Hauptattraktion des

Vom Fragamt zu Tante Dorothee

Dorotheum

Wien

Der Wiener Schmäh geht auch an dieser altehrwürdigen Institution nicht vorüber. Tante Dorothee nennen die Hauptstädter eines der weltgrößten Auktionshäuser, manchmal sagen sie sogar nur Pfandl. Das klingt verächtlich, ist aber, bittschön, net so ernst gemeint. Die Wiener wissen schon, was sie am *leading auction house in Central Europe* (Eigenwerbung) haben. Es zieht internationales und überwiegend gut betuchtes Publikum in die Stadt, und daran wird ordentlich verdient.

1707 gründete Kaiser Franz Joseph I. die Einrichtung als Versatz- und Fragamt, 1787 siedelte die Pfandleihanstalt ins 1882 aufgegebene Dorotheerkloster über. Vom ursprünglichen Klosterbau (1360) ist heute kaum noch etwas zu erkennen, das Haus wurde um die Wende zum 20. Jahrhundert im neobarocken Stil umgestaltet und dabei großzügig erweitert. Rund 600 Auktionen in 40 Sparten finden im Jahr statt, sie werden auch über Lautsprecher auf die Dorotheergasse übertragen. Dabei werden rund 700 000 Waren versteigert, ihre Spannweite ist enorm. Das reicht von Kunst über Kunstgewerbe, Möbel, Juwelen und Uhren bis zu historischen wissenschaftlichen Geräten und ausgesuchten Oldtimer-Autos, aber auch Teppiche, Pelze, Pretiosen, Bücher und Briefmarken sind im Angebot. Zuvor kann man sie in aller Ruhe in den vielen Ausstellungsräumen besichtigen. Im März, Juni, September und November findet je eine der großen Kunstauktionen statt, zu denen internationale Experten auch aus Übersee anreisen.

Das Geschäft muss sehr gut gehen, inzwischen unterhält das traditionsreiche Haus Filialen in zwölf Wiener Bezirken, in fast allen österreichischen Bundesländern und seit mehr als zwei Jahrzehnten auch wieder in Prag. Wen wundert's. Auch wer nicht als Interessent ins

Eingang des Dorotheums in Wien bei Nacht.

Dorotheum eintritt, wird verblüfft sein über den Pomp des Hauses und seine besondere Atmosphäre. In den Gassen rund um das Auktionshaus haben Antiquitätenfreunde Gelegenheit, entsprechende Läden nach Schnäppchen zu durchstöbern, die sich hier konzentrieren wie nirgendwo in Wien.

Info: In der Innenstadt, im 1. Bezirk gelegen. **Info Dorotheum:** Dorotheergasse 17, 1010 Wien, Tel. (01) 515 60-0, www.dorotheum.com, Öffnungszeiten je nach Versteigerung (vgl. Webseite).

Im Auktionshaus Dorotheum: Vorbesichtigung der Auktion »Alte Meister« im Kunstkabinett des Wiener »Pfandls«

Dorotheums von heute (und von 1707 an im Gründungspatent festgeschrieben) sind die täglichen Versteigerungen. Jeder kann beliebig durch die Schauräume streifen und die Schätze begutachten und jeder kann eigene Preziosen zur Versteigerung einreichen. Das hauseigene Café auf der Empore gilt selbst unter Wienern als Geheimtipp.

Gasometer ➡ N18
11., Guglgasse 6
✆ (01) 960 96, www.wiener-gasometer.at
Mo–Fr 10–19, Sa 10–17 Uhr
Führungen nach Vereinbarung unter ✆ (06 60) 748 48 00
Das erste europäische Urban Entertainment Center, eine Stadt in der Stadt. Das Quartier in Backstein wurde vom Stararchitekten Jean Nouvel umgebaut. Die vier über 100 Jahre alten, großbauchigen und bis zu 70 Meter hohen Gasometer sind glas- und metall-ummantelt. Unter der Einkaufsstraße liegen Konzert-Locations für Rock, Pop, Jazz und Clubbings.

Eine Stadt in der Stadt: Das Gasometer

Hauptbücherei ➡ K7
6., Urban-Loritz-Platz 2 A
U6/9/18: Burggasse/Stadthalle
✆ (01) 40 00-845 00, www.buechereien.wien.at
Mo–Fr 11–19, Sa 11–17 Uhr
Wer z. B. eine Zeitungsschau machen will, dem stehen mehr als 600 internationale Blätter und Zeitschriften zur Verfügung, viele davon als E-Paper. Eine der bestausge-

statteten Bibliotheken Europas bietet neben Lese- und Computersälen auch Führungen, Kinder- und Seniorenprogramme u.v.m. Durch großzügige Glasfronten haben Besucher einen Blick auf den Kahlen- und Leopoldsberg, die Dachterrasse umfasst 2000 m² und es gibt dort oben ein beliebtes Café.

Haus der Musik ➡ J12
1., Seilerstätte 30/Ecke Annagasse
✆ (01) 516 48 50, www.hausdermusik.at
Tägl. 10–22 Uhr, Eintritt € 13/9/6 (unter 12 J.)
Eine hochmoderne multimediale Erlebniswelt im Palais von Erzherzog Karl, dort, wo sich 1842 die Wiener Philharmoniker gründeten. Hier wird Musikgeschichte als interaktives Hörvergnügen präsentiert. Die Klangreise beginnt bei Hörerfahrungen im Mutterleib und endet bei den Sphärenklängen des Alls. Die Entwicklung des menschlichen Ohrs wird erläutert, alle nur denkbaren Musikinstrumente werden vorgestellt und am Ende kann man sogar interaktiv vor einer Großleinwand die Wiener Philharmoniker dirigieren – die sich keineswegs jeden Fehler gefallen lassen.

Haus des Meeres – Aqua Terra Zoo ➡ J12
Fritz-Grünbaum-Platz 1
✆ (01) 587 14 17, www.haus-des-meeres.at
Tägl. 9–18, Do bis 21 Uhr, Eintritt € 18,90/8,60 (6–15 J.)
In einem ehemaligen Flakturm angesiedelt, tummeln sich im Haus des Meeres auf elf Ebenen über 10.000 Tiere. Besonders empfehlenswert ist das Brandungsriff.

Hundertwasser Haus & Village ➡ H15
3., Kegelgasse 37–39
Haus nur von außen zu besichtigen, Village: ✆ (01) 710 41 16, www.hundertwasser-village.com
Tägl. 9–18 Uhr, Eintritt frei
Eine der größten Touristenattraktionen der Stadt. Ein Haus ohne gerade Linien und Flächen, unsymmetrisch, mit verwinkelten Gängen und runden Kanten, Pflanzen und Bäumen. Friedensreich Hundertwasser, der Meister des unkonventionellen Bauens, vollendete das Haus 1985. Vis-à-vis entstand das Hundertwasser Village, eine Anlage mit mehreren Wohnungen, die die Innenarchitektur Hundertwassers erlebbar machen soll.

Fantasie und Zwiebeltürme: Friedensreich Hundertwassers Fassadenkunst

10.000 Tiere aus allen Erdteilen erwarten die Besucher im Haus des Meeres

Ein bunter Farbcocktail

Hundertwasserhaus & Village

Wien

Friedensreich Dunkelbunt Regentag Hundertwasser (1928–2000) hängte sich als Maler und Architekt die Messlatte sehr hoch. Das Paradies war die Vorgabe für seine Arbeit. »Ich will zeigen, wie einfach es ist, das Paradies zu bauen«, sagte er, als er in den 1980er Jahren den Bau des ersten Wiener Ökohauses mit täglicher Visite begleitete. Gefiel ihm etwas nicht, legte er selbst Hand an am Konglomerat ohne gerade Linien und Flächen, ohne scharfe Kanten und Ecken, unsymmetrisch, mit verwinkelten Gängen und runden Kanten, Pflanzen und Bäumen auf Dächern, mit gekrümmten Wänden und kunterbunter Fassade. »Diese Bodenwelle gehört höher«, befand er, nahm eine Kelle und schob den Beton so lange zusammen, bis er zufrieden war. Sein Haus gehört zu den großen Attraktionen der Stadt.

Das Wiener Ökohaus ist das Meisterwerk von Hundertwasser, dem Experte für unkonventionelles, naturnahes Bauens. Es ist bewohnt, die Wohnungen sind begehrt, das Kunstwerk kann nur von außen besichtigt werden. »Die gerade Linie ist dem Menschen fremd«, predigte der Meister. Der »kalten« Architektur und farblichen Kargheit modernen Bauens setzte er provozierend verspielte Elemente mit ornamentalen Motiven und einem bunten Farbcocktail entgegen. Er propagierte ein naturverbundenes Leben, seine Bauten sollten Fenster sein in eine »paradiesische Parallelwelt«. Die Spirale symbolisiert dabei den Kreislauf des Lebens. In Kirchen, Kindergärten, Bahnhöfen, Wohnanlagen, Fabrikgebäuden und anderen seiner Hinterlassenschaften ist das in mehreren Ländern – bis hin nach Neuseeland – zu sehen.

Fassade des Wiener Hundertwasserhauses.

Wer die Zwiebeltürme, gartenverwilderten Dächer, unregelmäßigen Wandelgänge und unebenen Fußböden an seinem Wiener Haus als kitschig empfindet, stimmt mit ihrem Schöpfer übrigens durchaus überein. Der bezeichnete sich selbst als »Kitschist« und bekannte, ein extremer Individualist zu sein. Mit äußerstem Geschäftssinn, Hundertwasser wusste sich exzellent zu vermarkten. Die meisten seiner Bauten entstanden im öffentlichen Auftrag. In das dem Haus gegenüber liegende Hundertwasser Village kommen jährlich 1,2 Millionen Besucher. Dort kann man Souvenirs kaufen, sich aber auch über Hundertwassers Ideen zur Innenarchitektur informieren.

Info: Im 3. Bezirk gelegen. **Info Hundertwasserhaus & Village:** Kegelgasse 37–39, 1030 Wien, Tel. (01) 710 41 16, www.hundertwasser-village.com, Öffnungszeiten tägl. 9–18 Uhr, Eintritt frei.

Die Bronzefigur »Sämann« (1929) von Otto Hofner schmückt die Fassade des Karl-Marx-Hofs

Karl-Marx-Hof ➡ F7/8, aB3
19., Heiligenstädter Str. 82–92
www.wienerwohnen.at
1919–34 sprach man vom »Roten Wien«, als die Sozialdemokraten in der Stadt den Ton angaben. Der 1,2 km lange Karl-Marx-Hof wurde als Musterbeispiel des sozialen Wohnungsbaus errichtet. Nach umfassender Sanierung erstrahlt der Gebäudekomplex in neuer Pracht.

7 **Karlsplatz** ➡ K11
www.karlskirche.at
Museum Borromeo Mo–Sa 9–18, So/Fei 12–19 Uhr
Eintritt € 8/4 (bis 10 J. frei)
Der Platz, heute ein Straßen- und U-Bahn-Knotenpunkt, entstand 1894–1900 durch die Überbauung des Flusses Wien. An der Südseite erhebt sich die 7 **Karlskirche** (erbaut 1716–39). Der schönste und interessanteste Barockdom nördlich der Alpen bietet ungeahnte Impressionen. Mit dem Panormalift kann man bequem in die Kuppel hinauffahren und in 32 m Höhe die weltberühmten Fresken von Michael Rottmeyr aus der Nähe erleben.
Über eine Stiege geht es auf Wunsch weiter in die Kuppellaterne, wo sich ein Blick über die Stadt bietet. Der gewaltige Kuppelbau besitzt einen griechischen Tempelportikus, römische Triumphsäulen, orientalische Glockentürme und ist ein Werk von Johann Bernhard Fischer von Erlach und seinem Sohn Josef Emanuel. Ein Blickfang ist der **Karlsplatz-Pavillon**, 1898 von Otto Wagner erbaut, dem bedeutendsten Architekten der Wiener Secession.

Neu geschaffen wurde das **Museo Borromeo**, in dem der Kirchenschatz zu sehen ist.

Die Karlskirche, erbaut aus Dankbarkeit des Kaisers für die Errettung seiner Untertanen von der Pest

Linie 6 ➡ F–L7
Ein Teilstück der U-Bahnlinie 6 wurde mit finanzieller Unterstützung der EU aufwendig zur Kulturmeile ausgebaut. Auf einer 4,5 km langen Strecke verglaste man 32 Brückenbögen der alten oberirdischen Stadtbahn am Wiener Gürtel. In die Räumlichkeiten mit den einst vom Jugendstilarchitekten Otto Wagner erbauten Backsteinfundamenten sind Museen, Buchhandlungen, Cafés und Diskotheken eingezogen. Skulpturen zeitgenössischer Künstler säumen die neue Promenade.

Ein Denkmal für den Pestheiligen

Karlskirche

Wien

Am Anfang stand ein Gelübde. Dem Vater von Maria Theresia, Kaiser Karl VI., setzte das Leid seiner Untertanen während der großen Pestepidemie von 1713 derart zu, dass er versprach, zur Erinnerung an den aufopferungsvollen Pestheiligen Karl Borromäus eine Kirche zu bauen. Es wurde der bedeutendste barocke Kirchenbau nördlich der Alpen. Engagiert wurden die besten Baumeister der Zeit, Johann Bernhard Fischer von Erlach und – nach dessen Tod – sein Sohn Joseph Emanuel. Das Mammutunternehmen dauerte von 1716 bis 1739. Die Kirche, die an einem Teich südlich des Karlsplatzes steht, ist licht und hell, was man auch darauf zurückführt, dass während ihres Baus die Türkenkriege erfolgreich überstanden wurden und die wiedergewonnene Lebensfreude in die Entwürfe einfloss. Der Mix aus barocken und klassischen Elementen enthält auch einen Portikus, Triumphsäulen und orientalische Glockentürme. Die Fassade in der Mitte, die zur Vorhalle führt, entspricht einem griechischen Tempelportikus. Für die zwei Säulen hat ihr Schöpfer Lorenzo Mattielli an der römischen Trajanssäule Maß genommen. Die beiden Turmpavillons sind vom Barock in Rom inspiriert. Über dem Eingang erhebt sich eine Kuppel mit einem Durchmesser von 25 Metern.

Interessant ist die Attika, deren Säulen – eine Idee des jungen Erlach – in einem Spiralrelief Motive aus dem Leben des Karl Borromäus zeigen. Der Eingang ist flankiert von Engeln des Alten und Neuen Testaments. Die stärkste Wirkung geht von der architektonischen Gliederung und der sich daraus ergebenden Lichtwirkung aus – ein Gotteshaus ohne Düsternis. Die Farbigkeit wird vom Marmor bestimmt, es wurde aber auch Gold eingesetzt. Die Fresken in der Kuppel erreicht man über einen Aufzug, der den Besucher auf 32 Meter über dem Bodenniveau bringt. Im Borromäus-Museum sind wertvolle sakrale Gegenstände ausgestellt.

Denkmal für den Pestheiligen Karl Borromäus: die Karlskirche

Info: Unweit der Innenstadt, im 4. Bezirk gelegen. **Info Karlskirche und Borromäus-Museum:** Kreuzherrengasse 1, 1040 Wien, Tel. (01) 504 61 87, www.karlskirche.at, Öffnungszeiten Mo–Sa 9–18, So 12–19 Uhr, Eintritt € 8, ermäßigt € 4, bis 10 J. frei.

Straßenszene in Wien: Michaelerplatz mit Loos-Haus

Loos-Haus ➡ H11
1., Michaelerplatz 3
1910–11 nach Plänen des Avantgarde-Architekten Adolf Loos erbaut, gibt sich der Wohn- und Geschäftsbau als betont schmucklose Zweckarchitektur.

Österreichische Nationalbibliothek ➡ J11
Josefsplatz 1
✆ (01) 534 10, www.onb.ac.at
Okt.–Mai tägl. außer Mo 10–18, Do bis 21 Uhr, Juni–Sept. auch Mo geöffnet
Eintritt Prunksaalbesichtigung € 8/6, Literaturmuseum € 7/4,50, Papyrus- und Esperantomuseum € 5/4
Das ist eine der schönsten Bibliotheken der Welt, die einstige Hofbibliothek, stolzer Barock. Der 1723–1726 errichtete 80 mal 20 m große Prunksaal hortet wertvolle 200 000 Bücher einer Universalbibliothek, dazu Handschriften und Frühabdrucke. Es gibt ein Literatur- und zwei Schriftmuseen sowie ein Museum mit Globen. Alles zu Ehren der verschrifteten Sprache, die stärkste Kraft des menschlichen Fortschritts.

Die großen roten Riesenradkabinen im Wiener Prater

8 Prater ➡ F–L15–18
2., Praterstern, Leopoldstadt
✆ (01) 729 54 30, www.praterwien.com
Mitte März–31. Okt. tägl. 10–24 Uhr, sonst wetterabhängig
Der Volks- oder *Wurstelprater* ist ein Paradies für Kinder und Junggebliebene. Die größte Attraktion und zugleich Wahrzeichen Wiens ist das **Riesenrad** (65 m Durchmesser) von 1897. Die Fahrt (€ 12/5) verhilft zu einer spektakulären Aussicht. Der größte Teil des Praters ist ein riesiger Park mit Auengelände zwischen Donau und Donaukanal. Auf einer 14 km langen Strecke lädt

Wo die Sterne blinken

Wiener Prater

Wien

Die Frau hockt in der offenen Kapsel einer Wurfmaschine wie eine, deren letzte Stunde geschlagen hat. Dass sie freiwillig eingestiegen ist, macht es nicht besser: Zur Angst kommt die Verachtung der eigenen Person. Der Typ neben der Frau nervt, er bietet sich an, ihre Hand zu halten. Aber sie will keine Hand und weder etwas sehen noch hören. Die Wurfkapsel wird hinausgeschossen in den nächtlichen Himmel, dort, wo die Sterne blinken. Sie kreist durchs All, der Praterboden ist weit weg, und doch ganz nahe, nach wenigen Minuten ist die Weltraumfahrt zu Ende. Mit stolzem Gesicht steigt die Frau aus.

Der Prater gehört zu den großen Vergnügungsparks der Welt. Er liegt auf ehemals kaiserlichem Jagdgebiet, erst 1766 wurde das Areal für das Volk geöffnet. Schon damals gab es Karussells und Schießstände, einige der klapprigen Geisterbahnen sind noch heute in Fahrt. Die populärste Attraktion, das 65 Meter hohe Riesenrad, stammt aus dem Jahr 1897. Die angejahrte Mechanik, gut gewartet, funktioniert nach wie vor. Das Affenorchester, die Gorillas mit den erschreckend langen Greifarmen, die Skelette ohne Kopf. Der Prater ist auch ein Museum der Technikgeschichte.

Elias Canetti war hier an der Hand seiner Kinderfrau, noch als Literaturnobelpreisträger schrieb er darüber. Erich Kästner faszinierten die schreienden, grimassierenden Massen vor der Frau ohne Unterleib oder dem todesmutigen Artisten. Johann Strauß, Josef Lanner und Carl Michael Ziehrer ließen Orchester aufspielen. Und im Herbst 1948 wurden hier große Teile des Filmklassikers »Der dritte Mann« gedreht. Was viele nicht wissen: Der Wiener Prater ist ein etwa sechs Quadratkilometer umfassendes Gelände in der Leopoldstadt, zwischen Donau und Donaukanal, geprägt von Auenlandschaften.

Wiens Wahrzeichen: das Riesenrad im Prater.

Nur einen kleinen Teil davon nimmt im Nordwesten, nahe dem Praterstern, der Vergnügungspark im Prater, der »Wurstelprater« ein.

Auf einer 14 Kilometer langen Wegstrecke lässt es sich unter uralten Kastanienbäumen gut spazieren, radeln oder skaten. Ein Erlebnis für Kinder: Die Liliputbahn fährt seit 1898 über vier Kilometer entlang der Hauptallee durchs Auengebiet. Im 1783 erbauten Lusthaus ist ein gastronomischer Betrieb, hier wurden schon napoleonische Soldaten bewirtet.

Info: Östlich der Innenstadt, im 2. Bezirk gelegen. **Info Wiener Prater:** Prater 7, 1020 Wien, Tel. (01) 729 20 00, www.praterwien.com, Öffnungszeiten tägl. 10–24 Uhr, Hauptsaison 15. März–31. Okt, Eintritt Prater frei, Preise der Attraktionen € 1,50–5.

Eisen-Glas-Konstruktion des Palmenhauses im Park Schönbrunn

er zu ausgedehnten Spaziergängen ein. Die **Liliputbahn** fährt über 4 km durchs Auengebiet. Ein beliebtes Ausflugsziel ist das 1783 erbaute **Lusthaus**, ein nostalgischer Restaurationspavillon, in dem schon napoleonische Soldaten verköstigt wurden.

9 Schloss Schönbrunn ➨ N–Q1–4
13., Schönbrunner Schlossstraße
U4: Schönbrunn-Hietzing
✆ (01) 811 13-0, www.schoenbrunn.at
Tägl. ab 8, Juli/Aug. bis 18.30, April–Juni, Sept./Okt. bis 17.30, Nov.–März bis 17 Uhr
Eintritt ab € 16/11,50 (6–18 J.), verschiedene Touren und Kombitickets, eigene Kinderführungen (vgl. Webseite)
Die meistbesuchte Touristenattraktion Österreichs verdankt ihre Entstehung habsburgischem Größenwahn. Nach der Zerstörung der Vorgängerresidenz im Jahr 1683 beauftragte Kaiser Leopold I. den Bau eines Lustschlosses, das sogar Versailles an Prunk noch überflügeln sollte. Die Pläne wurden zugunsten einer »bescheideneren« Version aufgegeben.

Der heutige Palast im Stil des Rokoko mit 1441 Räumen geht auf Maria Theresia zurück, die den Hofarchitekten Nikolaus Pacassi 1740 mit der Umgestaltung beauftragte. Unter den 40 zugänglichen Räumen sind neben den kaiserlichen Gemächern u. a. der **Spiegelsaal**, in dem der 6-jährige Mozart vor der verzückten Kaiserin musizierte, sowie das mit Rosenholz getäfelte **Millionenzimmer** zu besichtigen.

Ein spätbarockes Gesamtkunstwerk

Schloss Schönbrunn

Wien

In diesem Museum, einem der meistfrequentierten Wiens, wohnen etwa 190 Mieter. Sind sie als Schlossbewohner zu beneiden? Wie man es nimmt, denn sie müssen ihre Unterkunft selbst renovieren, um das Gesamtbild nicht zu beeinträchtigen, der Staat sorgt nur für die Restaurierung der Prunkräume. Ein teurer Spaß.

Schloss und Park im französischen Stil bedecken knapp zwei Quadratkilometer und sind ein einzigartiges spätbarockes Gesamtkunstwerk. Johann Bernhard Fischer von Erlachs Gestaltung der Schlossanlage sollte den Habsburgern eine ungestörte Sommerfrische am Stadtrand ermöglichen, sie braucht den Vergleich mit Versailles nicht zu scheuen. Die Bauarbeiten begannen unter Kaiser Leopold I., 30 Jahre später wurden sie während der Regentschaft von Kaiserin Maria Theresia abgeschlossen. Sie hatte den Architekten Nikolaus Pacassi mit Aus- und Umbauten beauftragt. Die kreisförmig angelegte Menagerie, aus der der älteste noch bestehende Zoo der Welt hervorging, kam 1752 dazu, als krönender Abschluss 1755 die Gloriette, ein Aussichtspavillon im Schlosspark auf der Anhöhe des Schönbrunner Bergs.

Schloss, Garten und Park besitzen bis heute den homogenen Charakter eines aus einer Hand stammenden Ensembles. Den statuengeschmückten Park gliedert ein System sternförmig angelegter Alleen, deren Bäume in Heckenwände geschnitten sind. Das Palmenhaus ist das größte Europas. Als Attraktionen des Schlossparks gelten auch der Japanische Garten und die Kronprinzenallee an der Ostfassade des Schlosses, einer der ältesten Gartenteile Schönbrunns.

Im anschließenden Gartenbereich »Am Keller« ist ein nach barockem Vorbild verschlungenes Stickereisystem aus Blumen, farbigem Kies und Steinen zu bewundern. Dieser Gartenteil ist von einem hufeisenförmigen Laubengang mit fünf Pavillons umgeben, von denen einer begehbar ist und von einer erhöhten Plattform aus einen beeindruckenden Blick über die gesamte Gartenanlage bietet.

Info: Im 13. Bezirk, westlich der Innenstadt gelegen. **Info Schloss Schönbrunn:** 1130 Wien, Tel. (01) 81 11 32 39, www.schoenbrunn.at, Öffnungszeiten Schloss tägl. April–Juni und Sept./Okt. 8.30–17.30, Juli/Aug. 8.30–18.30, Nov.–März 8.30–17 Uhr, Park tägl. im Winter 6.30–17.30, im Sommer bis 20/21 Uhr, Eintritt ab € 16, ermäßigt € 14,50, bis 18 J. € 11,50.

Spätbarockes Gesamtkunstwerk: Schloss Schönbrunn.

Verschmelzung von Mensch und Tier in der Dressur

Spanische Hofreitschule

Wien

Stuten haben keine Chance. Warum? Zu launisch, sagen die Bereiter. So heißen die Angestellten, die auserwählt sind, die edelsten Pferde der Welt zu reiten. Die meisten sind Männer, doch gibt es einige weibliche Bereiter.

Bewahrer der Hohen Schulen der Reitkunst: Spanische Hofreitschule Wien.

Auch die mögen Hengste lieber. Sie seien disziplinierter, liebten Musik, aber auch Rossballett und Karussell – so heißen die Vorführungen der Spanischen Hofreitschule in der Hofburg.

Lipizzaner sind die älteste Kulturpferderasse Europas, ihr Name rührt vom slowenischen Dorf Lipica her, wo 1580 das k.u.k. Hofgestüt gegründet wurde, das älteste Reitinstitut der Welt.

Seinerzeit waren die italienischen Fürstenhöfe bekannt für die beste Reiterkunst, das wollten die Habsburger nicht auf sich sitzen lassen. Bis 1667 dauerte es zur Premiere der schneeweißen Rösser mit dem goldbeschlagenen Zaumzeug. Großer Erfolg, fortan gab es regelmäßige Veranstaltungen mit Kunststücken der Vierbeiner und ihrer Bereiter. Weil das Renommee so hoch war, ließ Kaiser Karl VI. in der Wiener Hofburg vom Stararchitekten Joseph Emanuel Fischer von Erlach die Winterreitschule (1735) errichten. Die große Zeit der Spanischen Hofreitschule war die Regentschaft von Maria Theresia. Sie ließ Ritter-Spiele abhalten und schwang sich zu Karussells höchstpersönlich in den Sattel.

Pferdevorführungen waren Teil prunkvoller Hofbälle und Feste. Höhepunkt war und ist die Schulquadrille, gezeigt von acht Reitern.

Mit den Lipizzanern ließ sich sogar Politik machen. Als Kaiser Franz Joseph I. 1867 zum König von Ungarn gekrönt wurde, ritt er in Budapest auf einem Lipizzanerhengst ein. Nach dem Ende der Monarchie und der gewaltigen Verkleinerung des Staatsgebiets wurden 1920 die Lipizzaner ins Bundesgestüt Piber in der Steiermark gebracht, wo sie bis heute gezüchtet werden. Die Stallungen in Wien befinden sich in einem Renaissancebau. Bei der Morgenarbeit in der Winterreitschule zeigen sie jeden Tag Reitkunst in höchster Vollendung. Nur im Juli und August stehen den Pferden sechs Wochen Urlaub zu.

Info: In der Innenstadt, im 1. Bezirk gelegen. **Info Spanische Hofreitschule Wien:** Hofburg, Michaelerplatz 1, 1010 Wien, Tel. (01) 533 90 31 0, www.srs.at, Vorführungen Sa/So 11 Uhr; Führung durch die Stallungen Jan. Di–Sa, Feb. und Nov. Di–So, April–Okt., Dez. tägl. 14, 15, 16 Uhr, Eintritt € 18, ermäßigt € 14, bis 18 J. € 9; Morgenarbeit Di–Sa 10–12 Uhr, Eintritt € 15, ermäßigt € 10,50, bis 18 J. € 7,50.

Das Schloss und der nach französischem Vorbild angelegte Park bilden ein prachtvolles Gesamtensemble, das den Besucher in eine besondere Stimmung versetzt. Neben dem **Palmenhaus** liegt das **Wüstenhaus**, beides beindruckende Eisen-Glas-Konstruktionen mit exotischen Gewächsen. In der **Wagenburg** kann man die Kutschen und Karossen aus kaiserlichem Gebrauch bewundern (tägl. Mitte März–Nov. 9–17, Dez.–Mitte März 10–16 Uhr, Eintritt € 9,50/8, unter 19 J. frei).

Ende Nov.–Ende Dez. findet auf dem Gelände der große **Kultur- und Weihnachtsmarkt** statt mit der Ausstellung »Weihnachten rund um den Globus«, Konzerten, Chören und Volkstanzgruppen auf der Bühne im Ehrenhof, Keksebacken in der Hofbackstube des Café Residenz u.v.a.

⑩ Spanische Hofreitschule ➡ H/J11
1., Michaelerplatz 1
✆ (01) 533 90 31 0, www.srs.at
Fast tägl. Morgenarbeit 10–12, Führungen mit Stallbesichtigung 13–16 Uhr, € 15–18/7,50–9 (6–18 J.), Kombiticket € 31/15 (6–18 J.)
Galavorstellungen Feb.–Juni und Sept.–Dez., genaue Termine und Kartenvorbestellung online
Das älteste Reitinstitut der Welt (seit 1572) bestreitet seine Vorführungen nur mit Schimmeln des Staatsgestüts Piber in der Weststeiermark.

Spanische Hofreitschule am Michaelerplatz

Spittelau ➡ N16
9., Spittelauer Lände 45
Wahrscheinlich ist sie die schönste Müllverbrennungsanlage der Welt. Die von Friedensreich Hundertwasser 1987 gestaltete Fassade fasziniert mit ihren verspielten Elementen und zeigt, wie schön Gewerbebauten sein können, wenn man nur will. Sie ist eine von drei thermischen Abfallbehandlungsanlagen der Fernwärme Wien. Jährlich werden mehr als 60 000 Haushalte mit der hier produzierten Wärmemenge versorgt.

St. Marxer Friedhof ➡ N16
3., Leberstr. 6–8
Wiens letzter Biedermeierfriedhof, benannt nach dem hl. Markus, ist heute Gedenkstätte und Flanierpark. Ein Grabmal erinnert an Wolfgang Amadeus Mozart, der 1791 in einem namenlosen Grab beigesetzt wurde.

Stadtpark ➡ J12/13
1., Parkring
www.restaurantjohann.at
Die 1862 eröffnete, 11,5 ha große Anlage mit Wasserläufen und Teichen präsentiert sich als grüne Oase mitten in der Großstadt. Der Landschaftsmaler Josef Selleny entwarf den Park im englischen Landschaftsstil. Die Jugendstil-Stadtbahn, die den Park durchfährt, wurde um die Wende zum 20. Jh. von Otto Wagner konzipiert. Unter den vielen Denkmälern im Park ist das von Johann Strauß das beliebteste Fotomotiv. Stil-

Von Hundertwasser gestaltete Müllverbrennungsanlage in Spittelau

Johann Strauß im Stadtpark

volles Lokal **Das Johann** mit Salonorchester und Wiener Küche im Kursalon mit schöner Terrasse.

Strudlhofstiege ➡ F10
9., Strudlhofgasse, Bus 47 A
Zeremonielle Jugendstilschönheit vom Feinsten. Die von Johann Theodor Jäger um 1910 geschaffene Anlage mit ihren Rampen, die den Übergang bilden zwischen Liechtenstein- und Währingerstraße, verziert von Lampen und gusseisernen Geländern, zeigt Anmut. Sie ist steil, was aber durch Absätze und Knicke nahezu unbemerkt bleibt. Im oberen Teil der Gasse, nach der sie benannt ist, befand sich der »Strudlhof« des Barockmalers Peter von Strudel, in dem einst die Kunstakademie residierte.

Der Schriftsteller Heimito von Doderer (1896–1966) benutzte das Bauwerk in seinem Roman »Die Strudlhof-

Rosengarten mit Ausblick auf den Theseustempel im Wiener Volksgarten

stiege« (1951) als gesellschaftliches Symbol: Sie hat die Zeiten überdauert, damit auch deren Ereignisse und Protagonisten. So entstand rund um das Bauwerk ein Gesellschaftspanorama vom Wien der ersten Hälfte des 20. Jh.

Tiergarten Schönbrunn ➡ O1/2
13., Schönbrunner Park, U4: Hietzing
✆ (01) 877 92 94-500, www.zoovienna.at
Tägl. ab 9 Uhr, April–Sept. bis 18.30, März, Okt. bis 17.30, Nov.–Jan. bis 16.30, Feb. bis 17 Uhr
Eintritt € 20/10, Onlineticket € 1 billiger, bis 6 J. frei
Die einstige kaiserliche Menagerie mit ihren Rokoko-Gebäuden wurde zu einem modernen zoologischen Park mit über 4500 Tieren umgestaltet. Fütterungszeiten auf der Website.

Volksgarten ➡ H10
1., Dr.-Karl-Renner-Ring
Mai–Sept. 6–22, sonst bis 20 Uhr
Der 1819 gegründete, von hohen Eisengittern umgebene Park war Wiens erster öffentlicher Garten. Im gleichzeitig entstandenen **Theseustempel** zeigt das Kunsthistorische Museum nach umfassender Restaurierung wieder Ausstellungen zeitgenössischer Kunst. Beliebt ist das **Café-Restaurant Meierei** mit schönem Garten.

Grab des österreichischen Musikers Falco auf dem Wiener Zentralfriedhof

Zeiss Planetarium ➡ F/G15
2., Oswald-Thomas-Platz 1, am Riesenrad
✆ (01) 891 74 15 00 00, www.planetarium-wien.at
Eintritt je nach Veranstaltung (siehe Website) € 9/8/6,50
Das renovierte Planetarium gewährt Blicke ins All und informiert mit der Dauerausstellung und wechselnden Ausstellungen über Neuigkeiten im Unendlichen. Informativ auch für Kinder.

Zentralfriedhof ➡ aD4
Simmeringer Hauptstr. 234, Tor 2
S7: Zentralfriedhof
✆ (01) 534 69 284 05, www.friedhoefewien.at
Beethoven, Johann Strauß, Udo Jürgens und Falco liegen hier. Insgesamt 330 000 Gräber hat der zweitgrößte, im Jahr 1874 eröffnete Friedhof Europas. Ein neuer Multimedia-Guide führt über das Gelände (auszuleihen beim Portier am Tor 2 für € 7). ■

ZENTRALFRIEDHOF

Wien

Wo der Tod ist, ist auch viel Leben. Innerhalb der acht Kilometer langen Ziegelmauer, die den Zentralfriedhof umgibt, haben sich in Kuhlen und Büschen zwischen den Gräbern Hasen, Fasane und Rebhühner einquartiert. Eichhörnchen gleiten Baumstämme hinauf und hinunter und das eifrige Tackern eines Spechts zerhackt die Stille. Die Tiere vermehren sich so schnell, dass die Friedhofsleitung einmal pro Jahr für einen Jagdverein die Hatz auf die Hasen freigibt.

Anfahrt mit der Straßenbahnlinie 71. Hinter der Simmeringer Hauptstraße verkündet eine sonore Stimme: »Zentralfriedhof, erstes Tor.« Erst zwei Haltestellen weiter ist Endstation. Das Reich der Toten ist ein riesiges Areal, deshalb steht auch ein Bus in den Landesfarben Weiß-Rot zur Verfügung. Die Allee zu den Gräbern ist breit wie eine sechsspurige Autobahn, Tausende Menschen pilgern täglich zu Grabstätten auf zweieinhalb Quadratkilometern. Marmor an Granit, Engel neben Heiligen.

Seit 1874 werden hier Tote beerdigt. Den Hauptanteil machen katholische Gräber aus, es gibt aber auch einen eigenen evangelischen sowie einen alten und neuen jüdischen Friedhof auf dem Gelände des Zentralfriedhofs; Orthodoxe, Muslime, Mormonen und seit 2005 auch Buddhisten haben ebenfalls eigene kleinere Abteilungen auf dem großen Areal.

Doch unabhängig von der Konfession: »Der Tod, das muss ein Wiener sein«, sang Georg Kreisler, Star des Wiener Kabaretts. Touristen zieht es zu den Grabstätten der Prominenten. Ein goldener Schmetterling flattert auf Beethovens Stele. Drei Engelchen halten den Vorhang für Franz von Suppé. Angestrengt blickt der steinerne Brahms auf eine verwischte Partitur. Auch Schubert und Johann Strauß ruhen hier. Scharen von Frauenskulpturen in wallenden Gewändern trauern um die großen Dahingegangenen. An die 500 Ehrengräber gibt es für Volksschauspieler, Soubretten, Zauberkünstler, Feldmarschälle und Gelehrte.

Die Totenkultur formte rührende, aber auch bizarre Steinblüten, Kolossalstatuen, antikisierende, barocke oder klassizistische Grabmäler, Urnen, Stelen, Obelisken, Säulen, Pyramiden und Kreuze, auch Totenköpfe und Gerippe. Weithin sichtbar ist die blaugrüne Kuppel der gewaltigen Jugendstilkirche Karl-Borromäus. Die Ziffern der Turmuhr sind gegen Buchstaben ausgetauscht: TEMPUS FUGIT – die Zeit flieht.

INFO: Im 11. Bezirk, südöstlich der Innenstadt gelegen. **INFO ZENTRALFRIEDHOF:** Simmeringer Hauptstr. 234 (Tor 2), 1110 Wien, Tel. (01) 534 69-284 05, www.friedhoefewien.at, Öffnungszeiten April–Sept. tägl. 7–19, Do bis 20, März, Okt. tägl. 7–18, Nov.–Feb. tägl. 8–17 Uhr.

Kirche zum Heiligen Karl Borromäus auf dem Zentralfriedhof von Wien.

Übernachten

Österreichs Hauptstadt ist ein Beherbergungsparadies. Es wartet mit 52 000 Betten in rund 400 Betrieben auf seine Gäste, und jedes Jahr kommen weitere hinzu. Nahezu alle großen Hotelketten investieren in Wien, aber auch die Wiener selbst sind gute Gastgeber – von der Ein-Stern-Pension bis zum Fünf-Sterne-Haus bieten sie alles auf, was den Stadtbesuchern Komfort und Behaglichkeit einräumt.

Die angegebenen Preiskategorien gelten für ein Doppelzimmer pro Nacht (i. d. R. mit Frühstück):

€ – bis 100 Euro
€€ – 100 bis 180 Euro
€€€ – 180 bis 250 Euro
€€€€ – über 250 Euro

Das Triest ➡ L11
4., Wiedner Hauptstr. 12, 1040 Wien
U4: Karlsplatz
✆ (01) 589 18-0, www.dastriest.at
Elegantes Designer-Hotel in zentraler Lage, einige der 72 Zimmer und Suiten haben eine eigene Terrasse; mit italienischem Gourmet-Restaurant »Collio«. Telefonisch und per E-Mail kann man kurzfristig die günstigere »Jackpot-Rate« erfragen. Ansonsten €€€€

Designer-Suite im Hotel »Das Triest«

Das Tyrol ➡ K10
6., Mariahilferstr. 15, 1060 Wien
U2: Museumsquartier
✆ (01) 587 54 15, www.das-tyrol.at
Hinter einer Gründerzeitfassade zeigt Wiens einziges Small Luxury Hotel die Sammlung Tyrol, eine große Schau moderner Kunst von Wiener und internationalen Künstlern. In jedem der 30 Zimmer hängt ein anderes Bild. €€€–€€€€

Am Stephansplatz ➡ H11
1., Stephansplatz 9, 1010 Wien
U3: Stephansplatz
✆ (01) 53 40 50, www.hotelamstephansplatz.at

Viel Platz in zentraler Lage bietet das »Hollmann Belletage«

Direkt gegenüber dem Stephansdom, 1950er-Jahre-Schick. Spezialraten und Sonderpreise auf der Website, für Buchungen direkt beim Hotel fünf Prozent Rabatt. €€€

Herzoghof ➡ südl. aD3
Kaiser-Franz-Ring 10, 2500 Baden bei Wien
✆ (022 52) 872 97, www.hotel-herzoghof.at
Elegantes denkmalgeschütztes Biedermeier-Hotel direkt an Kurpark und Casino. €€€

Hollmann Beletage ➡ H12
1., Köllnerhofgasse 6, 1010 Wien
U1/3: Stephansplatz
✆ (01) 96 11 96-0, www.hollmann-beletage.at
Wohlfühlhotel in Gründerzeithaus, hübscher Salon mit Klavier und Bibliothek. €€–€€€€

Hotel Topazz ➡ H11
1., Lichtensteg 3, 1010 Wien
U3: Stephansplatz
✆ (01) 532 22 50, www.hoteltopazz.com
Stilvolles 4-Sterne-Haus in zentraler Lage, offenes WLAN, gratis Minibar. €€–€€€€

Gegenbauer Gästezimmer ➡ aC3
Waldgasse 3
✆ (01) 604 10 88, www.gegenbauer.at/gaestezimmer.aspx
Erwin Gegenbauer stellt Essige her, presst Öle und braut Bier. Im ersten Stock seines Hauses, Baujahr 1899, hat er fünf ehemalige Wohnungen zu Gästezimmern umgebaut. Sie sind nobel, aber praktisch eingerichtet. Im zweiten Stock gibt es Schwimmbad und Sauna,

Außergewöhnliches Design, auch im Badezimmer, bei »Gegenbauer Gästezimmer«

die Gäste können an Kochkursen teilnehmen und das Unternehmen besichtigen. Im Hof legen Hühner Eier, es gibt Kräuter und Honig, die Bienen auf dem Dach liefern. €€–€€€

Sol Meliá Vienna Hotel ➡ C17
Donau-City-Str. 7, 1220 Wien
U1: Kaisermühlen VIC
✆ (01) 90 10 42 003, www.melia.com
Das Hotel der spanischen Gruppe Sol Meliá befindet sich in Österreichs höchstem Gebäude (250 m), im DC Tower 1 in der Donau-City. Am Eingang eine schwebende Designertreppe, im Innern weißer Marmor aus Mazedonien und schwarzer Granit aus Südafrika. Dazu der Panoramablick auf Wien. €€–€€€

Altstadt Vienna ➡ J8
7., Kirchengasse 41, 1070 Wien
U3: Volkstheater
✆ (01) 522 66 66, www.altstadt.at
Klassizistisches Wohnhaus. Der Besitzer Otto Ernst Wiesenthal hat eine einzigartige Kunstsammlung, daher findet man im Salon, auf den Gängen und den Zimmern ausgewählte Kunstwerke. Reichhaltiges Frühstücksbuffet, man fühlt sich wie zu Gast bei einem vermögenden Privatier. €€

Grätzlhotel ➡ L11
7., Favoritenstr. 17/3-5, 1040 Wien
U1: Taubstummengasse
✆ (01) 208 39 04, www.urbanauts.at
Der Berliner hat seinen Kiez, der Wiener sein Grätzl –

die unmittelbare Nachbarschaft. Das stylish gestaltete Hotel wurde in einem ehemaligen Fischgeschäft eingerichtet. Es ist luftig und hell, Goldfischtapeten erinnern an die Meeresfrüchte von einst. €€

Extravagant: Designerzimmer im »Hotel Rathaus – Wein & Design«

Hotel Daniel ➡ M13
3., Landstraßer Gürtel 5, 1030 Wien
Tram O: Fasangasse
✆ (01) 90 13 10, www.hoteldaniel.com
Ein gekrümmtes Boot ist auf dem Dach des Hauses festgeschraubt. Alles ist möglich in diesem Hotel, heißt das. Keine Rezeption, kein Schnickschnack, Dusche mit Fenster und Aussicht, reelle Preise und smarter Luxus. €€

Hotel Rathaus Wein & Design ➡ G8
8., Lange Gasse 13, 1080 Wien, U2: Rathaus
✆ (01) 400 11 22, www.hotel rathaus-wien.at
Ganz dem Wein gewidmetes Hotel in Rathausnähe. Viele Top-Winzer Österreichs bestücken die Zimmer mit ihren Weinen. €€

Neuer Markt ➡ J11
1., Seilergasse 9, 1010 Wien
U3: Stephansplatz
✆ (01) 512 23 16, www.hotelpension.at
Bewährte Pension mitten im Zentrum mit viel gerühmtem Preis-Leistungs-Verhältnis. €€

Boutiquehotel Stadthalle Wien ➡ K6
15., Hackengasse 20, 1150 Wien
U6: Burggasse/Stadthalle
✆ (01) 982 42 72, www.hotelstadthalle.at
Strom von der Sonne, Brunnenwasser für die Blumen, Lavendel auf dem Dach. Das erste Null-Energie-Hotel Österreichs besteht aus einem Neubau und einem Jahrhundertwendehaus und hat einen zauberhaften Innenhof. €–€€€

Das erste Null-Energiebilanz-Hotel Österreichs: Boutiquehotel Stadthalle Wien

Hotel Kärntnerhof ➡ H12
1., Grashofgasse 4, 1010 Wien
U3: Stephansdom
✆ (01) 512 19 23, www.karntnerhof.com
Charmant-intimes Haus mit zeitgemäßem Komfort in zentraler Lage und doch ruhig. €–€€€

Das »Hotel Kugel« wartet mit Himmelbett und Kaffee und Kuchen auf

Benediktushaus ➡ H11
1., Freyung 6 A, 1010 Wien
U3: Stephansplatz
✆ (01) 53 49 89 00, www.schotten.wien
Günstiges Gästehaus des Schottenstifts in Top-Innenstadtlage. €–€€

Hotel Kugel ➡ J9
7., Siebensterngasse 43
1070 Wien, U3: Neubaugasse
✆ (01) 523 33 55, www.hotelkugel.at
Renoviertes, preiswertes Hotel im Biedermeierviertel auf dem Spittelberg. Mit Wiener Frühstück. €–€€

Pension City ➡ H11
1., Bauernmarkt 10, 1010 Wien
U3: Stephansplatz
✆ (01) 533 95 21, www.citypension.at
In diesem Haus wurde der Dichter Franz Grillparzer geboren. Kleine Pension beim Stephansplatz, Frühstücksbuffet inklusive. €–€€

Post ➡ H12
1., Fleischmarkt 24, 1010 Wien
U1/4: Schwedenplatz
✆ (01) 515 83-0, www.hotel-post-wien.at
Einfache Herberge, aber bereits Mozart, Nietzsche und Wagner haben hier ihre Häupter ins Kissen gebettet. €–€€

Rainers Hotel Vienna ➡ südl. N10
10., Gudrunstr. 184, 1100 Wien
U1: Keplerplatz, Tram 1, 6, 18, 62: Matzleinsdorferplatz
✆ (01) 60 58-0
www.rainer-hotels.eu
4-Sterne-Hotel mit 152 Zimmern an der Peripherie. Gut erreichbar. €–€€

Hostel Schlossherberge Wien ➡ aC2
16., Savoyenstr. 2, 1160 Wien
U3: Ottakring
✆ (01) 481 03 00, www.hostel.at
Mitten in einem Schlosspark gelegen, gilt als schönste Jugendherberge Europas. €

»Hotel am Brillantengrund«: Wohlfühlen im Innenhof

Hotel Am Brillantengrund ➡ J8
7., Bandgasse 4, 1070 Wien
U3, Tram 49: Zieglergasse
✆ (01) 523 36 62
www.brillantengrund.at
Charmantes, ruhiges Stadthotel. 34 Zimmer zum Niedrigpreis, Frühstück inklusive, originelles Ambiente. €

Hotel Kunsthof ➡ nördl. F14
2., Mühlfeldgasse 13, 1020 Wien
U1/2: Praterstern
✆ (01) 214 31 78, www.hotelkunsthof.at
Von jungen Künstlern im Inneren gestalteter spätklassizistischer Bau mit modernem Design, Bibliothek, Frühstück und Bar im Innenhof. Zimmer in vier Größenordnungen. Supergünstige Preise. Frühstück € 10 extra. €

Magdas ➡ G15
Laufbergergasse 12
✆ (01) 720 02 88, www.magdas-hotel.at

Der Salon des »Magdas« lädt zum Verweilen ein

Außenfassade des Ruby Sofie Hotel Vienna

Am Rand des Praters steht ein von der Caritas betriebenes Hotel, in dem Flüchtlinge u. a. eine Ausbildung absolvieren und die Gäste betreuen. Sehr originelle Einrichtung und nettes Café. €

Hotel Pension Riede ➡ aC3
12., Niederhofstr. 18, 1120 Wien
U6: Niederhofstraße
✆ (01) 813 85 76, www.hotelriede.at
Die Jugendstil-Frühstückspension ist eine der günstigsten Adressen für eine gute Bleibe in Wien. €

Ruby Sofie Hotel Vienna ➡ G9
3., Marxergasse 17
✆ (01) 361 96 60 60, www.ruby-hotels.com
Flohmarktstücke schmücken das Haus in zentraler Lage. Die 77 Zimmer sind klein, die Preise günstig. Im Gemeinschaftsbereich kann man u. a. surfen. Das Bio-Frühstück kostet extra. €

Wombat's am Naschmarkt ➡ L10
4., Rechte Wienzeile 35,1040 Wien
U4: Kettenbrückengasse
✆ (01) 897 23 36, www.wombats-hostels.com
Großhotel für die preisbewusste Klientel am Naschmarkt. €

Privatunterkünfte
www.wimdu.de
Bietet Privatunterkünfte vom WG-Zimmer bis zu ganzen Wohnungen zwischen € 12 und € 300 pro Nacht an. ■

Essen und Trinken
Kaffeehäuser, Restaurants, Wiener Schnitzeljagd, Heurige

Hervorragende Tipps zu Restaurants in Wien findet man unter www.falter.at. Für einen Imbiss zwischendurch eignet sich der **Naschmarkt** ➡ K/L10.

Die angegebenen Restaurants sind alphabetisch aufgeführt, die Preiskategorien beziehen sich jeweils auf ein Essen ohne Getränk.

€ – bis 10 Euro
€€ – 10 bis 15 Euro
€€€ – über 15 Euro

Trinkgeld
»Bedienungszuschlag inbegriffen«, heißt es in manchen Lokalen. Doch in Wien ist der »Schmattes« Pflicht, ein angemessenes Trinkgeld wird für jedwede Dienstleistung erwartet, vor allem von Kellnern, Hotelpersonal und Taxifahrern. Ein bis zwei Euro sollten es schon sein, in guten Restaurants entsprechend mehr.

Kaffeehäuser sind bei Wienern beliebte Treffpunkte am Nachmittag

Kaffeebohnen vor der Röstung

Kaffeehäuser

Das Wiener Kaffeehaus ist ein Mythos. Es wurde zum Modell in allen Ländern der ehemaligen Habsburger Monarchie, von Florenz und Triest bis nach Belgrad und Budapest. Im Kaffeehaus trifft sich die ganze Stadt und vermischt sich mit den Zugereisten. Hier gibt es die besten Informationen und vom Frühstück über Mittag- und Abendessen alles bis zum mitternächtlichen Absacker.

Alt Wien ➡ H12
1., Bäckerstr. 9, ✆ (01) 512 52 22
Tägl. 10–20, Fr/Sa bis 4, So bis 2 Uhr
Mischung aus Kulturoase, historischem Café und Beisl. Das »Kaffee Alt Wien« wurde 1936 von Leopold Hawelka und seiner Frau Josefine gegründet. Das Gulasch ist Weltklasse und der Altwiener Suppentopf der beste der Stadt.

Bräunerhof ➡ H11
1., Stallburggasse 2
✆ (01) 512 38 93, www.braeunerhof.at
Mo–Fr 8–21, Sa 8–19, So 10–19 Uhr
Alfred Polgar, Hugo von Hofmannsthal, Thomas Bernhard und andere dichtende und schmähende Geister haben hier gebrütet. Der heutige Besucher sitzt noch auf demselben Mobiliar. Täglich **Kaffeehausmusik live** von 15 bis 18 Uhr.

Café Central ➡ H11
1., Herrengasse 14, Palais Ferstel

Kleines Kaffeehauslexikon:

Kleiner Schwarzer	– Espresso oder Mokka
Großer Brauner	– eine Schale schwarzer Kaffee mit Schlagsahne (Schlagobers)
Verlängerter	– eine Tasse leichter Kaffee
Melange	– Milchkaffee in der Tasse
Einspänner	– Im Henkelglas servierter schwarzer Kaffee mit Schlagobers und Puderzucker
Türkischer Kaffee	– Espresso oder Mokka im Kännchen mit Staubzucker aufgekocht

Muße am Marmortisch: eine »Melange, bitt'schön!«

Das strenge Regiment der Ober

Wiener Kaffehauskultur

Wien

Die Wiener Kaffeehäuser sind eine Institution. Hier trinkt man nicht einfach seinen Kaffee, isst ein Stück Kuchen und geht wieder – hier verbringt man ganze Tage und schon so mancher hat das Kaffeehaus zu seinem Wohnzimmer gemacht. Es ist völlig normal, beim Einspänner (kleiner Mokka im Glas mit viel Schlagsahne/Obers), einem Braunen (Mokka mit wenig Schlagsahne oder Milch), einer Melange (halb Kaffee, halb Milch) oder einem Fiaker (großer Mokka mit Zucker und Rum) stundenlang Zeitung zu lesen – eine große Auswahl an Tageszeitungen gehört zu jedem guten Kaffeehaus –, aus dem Fenster zu schauen und dem einen oder anderen philosophischen Gedanken nachzuhängen. Dazu lässt man sich von den Kunstwerken der berühmten Wiener Zuckerbäcker zu der einen oder anderen süßen Köstlichkeit verführen, ob es nun eine Original Sachertorte im gleichnamigen Café oder

Nicht umsonst sind in Wien zu Beginn des 20. Jahrhunderts die Kaffeehausliteraten »geboren« – Schriftsteller wie Stefan Zweig oder Arthur Schnitzler, die viele ihrer Werke an einem Kaffeehaustisch zu Papier brachten. Wichtiger als die Gäste, und seien sie auch noch so berühmt, sind die Ober, die in ihrem Kaffeehaus das Sagen haben. Dass Wiener Kaffeehäuser etwas ganz Besonderes sind, hat schließlich auch die UNESCO eingesehen und die Kaffeehauskultur der österreichischen Hauptstadt 2011 als immaterielles Weltkulturerbe unter besonderen Schutz gestellt. Stefan Zweig wusste das schon früher, er bemerkte schon in den 1920er Jahren, dass das Wiener Kaffeehaus eine Institution besonderer Art sei, die weltweit einmalig ist.

Info Café Sacher: Philharmonikerstr. 4, 1010 Wien, Tel. (01) 51 45 610 53, www.sacher.com, Öffnungszeiten tägl. 8–24 Uhr.

Die einzig »echte« Sachertorte vom Hotel Sacher.

Info Café Hawelka: Dorotheergasse 6, 10110 Wien, Tel. (01) 512 82 30, www.hawelka.at, Öffnungszeiten Mo–Do 8–24, Fr–Sa 8–1, So/Fei 10–24 Uhr. **Info Hofzuckerbäckerei Demel:** Kohlmarkt 14, 1010 Wien, Tel. (01) 53 51 717, www.demel.at, Öffnungszeiten 8–19 Uhr. **Info Café Sperl:** Gumpendorferstr. 11, 1060 Wien, Tel. (01) 586 41 58, www.cafesperl.at, Öffnungszeiten Mo–Sa 7–22, So/Fei 10–20 Uhr, Juli/Aug. So geschl. **Info Café Landtmann:** Universitätsring 4, 1010 Wien, Tel. (01) 24 10 01 20, www.landtmann.at, Öffnungszeiten tägl. 7.30–24 Uhr. **Info Café Schwarzenberg:** Kärntner Ring 17, 1010 Wien, Tel. (01) 512 89 98, www.cafe-schwarzenberg.at, Öffnungszeiten Mo–Fr 7.30–24, Sa/So 8.30–24 Uhr. **Info Zum Leupold:** Schottengasse 7, 1010 Wien, Tel. (01) 533 93 81 12, www.leupold.at, Öffnungszeiten tägl. 10–24 Uhr. **Info Café Museum:** Operngasse 7, Tel. (01) 24 10 06 20, www.cafemuseum.at, Öffnungszeiten tägl. 8–24 Uhr. **Info Café Central:** Herrengasse/Strauchgasse, 1010 Wien, Tel. (01) 533 37 63 24, www.cafecentral.wien, Öffnungszeiten Mo–Sa 7.30–22, So 10–22 Uhr.

Wunderschön Sitzen im »Café Central«

✆ (01) 533 37 63 24, www.cafecentral.wien
Mo–Sa 7.30–22, So 10–22 Uhr
Nach vielen Renovierungen im venezianischen Stil ist dieses Café im Palais Ferstel eine beliebte Anlaufstelle für Touristen.

Café Drechsler ➡ K10
6., Linke Wienzeile 22/Girardigasse 1
✆ (01) 581 20 44, www.cafedrechsler.at
Tägl. 8–24, Sa/So ab 9 Uhr
Das 1919 am Naschmarkt begründete Café wurde vom Designer Terence Conran neu gestaltet. Thonetstühle und Marmortische blieben, eine moderne Theke und stylische Sitzbänke kamen hinzu. Nachts legt ein DJ auf und Wiens Szene kehrt ein.

Café EL.AN ➡ G11
2., Werdertorgasse 4
✆ (06 99) 10 90 55 95, www.cafe-elan.at
Mo-Fr 8–17.30 Uhr
Aus den Anfangsbuchstaben von Elke Lackner und Anna Pacher entstand der Kaffeehausname. Einspänner u. a. Traditionsvarianten sind passé. Der Kaffee wird saisonal im Direct Trade-Verfahren eingekauft und vor Ort vom Experten Georg Branny geröstet. Es duftet gut in der puristischen Atmosphäre mit Rohmaterialien wie Eichenholz und Stahl. Das ist das etwas andere Kaffeehaus.

Ein Muss in jedem Café: Espressomaschine im Café Drechsler

Café Florianihof ➡ G8
8., Florianigasse 45
✆ (01) 402 48 42, www.florianihof.at

Mo–Fr 7.30–22.30, Sa/So/Fei 9–19 Uhr
Helle Räume und modernes Mobiliar in der bürgerlichen Josefstadt. Hier wird preisattraktive, köstliche, junge Küche serviert, außerdem stehen vier Frühstücke und sieben Tees zur Wahl, im Sommer sitzt man auch im Freien.

Café Hofburg ➡ H11
1., Hofburg/Innerer Burghof
✆ (01) 241 00 420, www.cafe-hofburg.at
Tägl. 10–18 Uhr
Direkt neben dem Eingang zum Sisi-Museum, geschichtsträchtiger kann ein Ort nicht sein. Topfentorte auf der Terrasse im Innenhof des ehemaligen kaiserlichen Palasts, mit Blick auf 600 Jahre Habsburg.

Café Leopold Hawelka ➡ H11
1., Dorotheergasse 6
✆ (01) 512 82 30, www.hawelka.at
Mo–Do 8–24, Fr/Sa 8–1, So/Fei 10–24 Uhr
1939 haben Josefine und Leopold Hawelka das von einem Loos-Schüler entworfene Café Ludwigs übernommen. Auch die dritte Generation hat daran nichts verändert, und genau wie damals gibt es ab 22 Uhr frische heiße Buchteln. Eine Wiener Institution.

Café Museum ➡ K11
1., Operngasse 7
✆ (01) 24 10 06 20, www.cafemuseum.at
Tägl. 8–24 Uhr
Berndt und Irmgard Querfeldt haben mit viel Geld und Mut das alte Kaffeehaus, in dem Klimt, Kokoschka, Schiele, Musil u.a. Hof hielten, gerettet. Das kaffeeselige Wien ist glücklich über den Zugewinn in prominenter Lage.

Café Prückel ➡ H13
1., Stubenring 24, ✆ (01) 512 61 15 12
www.prueckel.at, Tägl. 8.30–22 Uhr
Eine perforierte Leselampe in spitzer Kegelform, eine nüchterne Bahnhofsuhr. 1954 entstand das Café mit einem Protest-Interieur zum schwülstigen Ringstraßenstil. Es ist sich angenehm treu geblieben. Dreimal pro Woche Livemusik.

Eine Wiener Institution: Café Hawelka in der Dorotheergasse

Sachlich und trotzdem gemütlich: Café Prückel

Café-Restaurant Weimar ➡ nördl. F9
9., Währinger Str. 68
✆ (01) 317 12 06
www.cafeweimar.at
Tägl. 8–23.30, Sa/So ab 8.30 Uhr
Ein Konzertcafé, 1900 gegründet, nahe der Volksoper. Täglich ab 19.30 Uhr und sonntags schon ab dem Nachmittag spielt der Pianist und Komponist Karel Minarik traditionelle Wiener Kaffeehaus-Klaviermusik. Klassische Wiener Küche unter Kristall-Lüstern.

Guerilla Bakery ➡L11
1.4., Favoritenstr. 7
www.guerillabakery.at
Mo–Fr 8–17 Uhr
Drei Schwestern waren familiär mit Backen und Kochen vertraut. Jetzt haben sie ein Kaffeehaus eröffnet, in dem sie alles, was angeboten wird, selbst machen – von der Limonade bis zum Schokokuchen. Mittags locken Quiche mit Sauerkraut, Würstel mit Curry-Sellerie oder Couscous mit Fleischbällchen.

Kleines Café ➡J12
1., Franziskanerplatz 3
Tägl. 10–2, So ab 13 Uhr
Nahe zum Stephansplatz, doch in einer Nische ohne touristisches Getummel, liegt eine Bastion der Wiener Kaffeehauskultur. An warmen Tagen, sitzt man draußen, nach Mitternacht wird vor allem Rotwein ausgeschenkt.

Landtmann ➡ H10
1., Universitätsring 4
✆ (01) 24 100 120, www.landtmann.at
Tägl. 7.30–24 Uhr
Sigmund Freud, Gustav Mahler, Max Reinhardt, Marlene Dietrich, Romy Schneider, Burt Lancaster, Hans Moser, die niederländische Königin Juliane, Hillary Clinton und Paul Mc Cartney waren hier bereits zu Gast. Das Traditionshaus wurde im Jahr 1873 gegründet. So–Di abends Klaviermusik.

Kaffeehaus mit Tradition: Landtmann

Ritter ➡ K9
6., Mariahilfer Str. 73
✆ (01) 587 82 37, www.caferitterottakring.at
Mo–Sa 7–1, So/Fei 8–24 Uhr
Tagsüber Traditionscafé, abends kann man bei diversen Veranstaltungen Jazz, typische Wiener Klassiker oder Blues von lokalen Künstlern wie Robert Shumy, Velvet Ottakring in gemütlicher Wohnzimmeratmosphäre genießen.

Sperl ➡ K10
6., Gumpendorfer Str. 11
✆ (01) 586 41 58, www.cafesperl.at
Mo–Sa 7–22, So/Fei 10–20 Uhr, Juli/Aug. So geschl.
In einem denkmalgeschützten Haus von 1880. Alte Wiener sagen, es sei das »echte hundertprozentige Wiener Kaffeehaus«.

Im Sperl kann man auch Billard spielen

Gesunde Gerichte aus biologischen Zutaten gibt es im Deli Bluem

Restaurants

Bäckerei Ströck ➡ K14
Landstraßer Hauptstr. 82
✆ (01) 204 39 99 93 057
Mo–Fr 16–24, Sa 17–24, So 7–18 Uhr
www.stroeck-feierabend.at
Brot gibt es immer beim Bäcker. Bei diesem wird die Küche rund ums Brot belebt. Kleine Gerichte mit Geschmack und Öko-Qualität gibt es zum fairen Preis. Auf Regionalität und Ressourcenschonung wird geachtet, die ausschließlich österreichischen Weine stammen aus Bio-Anbau. €–€€

Beaver Brewing Company ➡ F10
9., Liechtensteinstr. 69
✆ (01) 677 610 122 53, www.beaverbrewing.at
Mo–Do 16–24, Fr/Sa 12–1, So 12–22 Uhr
David Beaver aus Michigan hat das American Brew Pub eröffnet, um seine selbstgebrauten Biere unters Volk zu bringen. Dazu amerikanisches Essen wie Burger, Chicken Wings, Spareribs, Veggie Burger, Caesar Salad und sogar eine vegane Speisekarte. Immer viel Stimmung. €€

Bohème ➡ J9
7., Spittelberggasse 19
✆ (01) 523 31 73, www.boheme.at

Tägl. 11–24 Uhr
In diesem Edelbeisl kommt traditionelle Wiener Küche, aber auch moderne Fusion-Küche auf den Tisch. Im Sommer kann man romantisch draußen sitzen. Die Küche ist bis 23.30 Uhr offen, sodass man auch noch nach Oper und Theater hier bei klassischer Hintergrundmusik speisen kann. €€

Café-Bar Bloom ➡ H12
1., Rotenturmstr. 15
✆ (01) 53 222 44, www.cafebarbloom.com
Mo–Sa 8.30–24 Uhr
Im neunten Stock des nahe am Stephansdom gelegenen Hotel Lamée gibt es diese Rooftop-Möglichkeit. Der mächtige Dom ist zum Greifen nahe. Greifen kann man aber auch nach den Snacks, die mitsamt guter Weine dort angeboten werden. Dafür ist die Café-Bar populär. €€

Deli Bluem ➡ H8
8., Hamerlingplatz 2
✆ (06 64) 197 53 27, www.delibluem.com
Mo–Fr 9–15.30, Sa/So 9–18, Fei 10–15 Uhr
Die Chilenin und Ex-Bankerin Andrea Vaz-König serviert gesunde Gerichte aus biologischem Gemüse, Tofu in frisch gebackenen Waffeln. Die Renner sind Suppen:

Mit Liebe zubereitete Tacos gibt's im Erich

Andaz Vienna
Am Belvedere

Englische Kartoffelsuppe, Spanische Mandelsuppe mit Knoblauch, aber auch Erdäpfel Pilz-Gröstl mit Schmorzwiebeln. €€

Erich ➡ J9
7., Neustiftgasse 27
✆ (01) 890 64 00, https://erichwien.at
Tägl. 9–2 Uhr
Vor Jahren setzte Gerald Bayer mit der Halle im MuseumsQuartier ein Zeichen, nun folgt der zweite Wurf. Das Erich ist ein Fusion-Lokal: Tacos, Grilled Cheese-Sandwiches, Kokos-Curry-Huhn oder Chili-Maiskolben. Lieblinge der Veganer sind Bowls mit Quinoa, Hokkaido-Kürbis oder Adzuki-Bohnen. Die Bar ist goldverkleidet. Und Frühstück gibt es bis 16 Uhr. €€

Eugen21 ➡ N13
3., Arsenalstrasse 10
✆ (01) 205 7744 1234, www.hyatt.com
Tägl. 6.30–22, Fr/Sa bis 22.30 Uhr
Modernes österreichisches Wirtshaus im Hotel Andaz Vienna Am Belvedere mit klassischer und moderner Küche, inspiriert von Prinz Eugens Reisen. Im 16. Stock befindet sich zudem die im nordischen Design gehaltene Rooftop Bar Aurora (Mo–So 14–2 Uhr).

Garage01 ➡ H14
3., Radetzkyplatz, Viaduktbogen 5
✆ (01) 308 45 03, www.garage01.com
Di–Sa 11–1 Uhr
In einem alten Stadtbahnbogen mit freigelegter Ziegelwand, Holzmöbeln und breiter Glasfront wird internationale Küche serviert. Ein Architekt und ein Zahnarzt haben investiert, die Küche schmückt sich mit spanisch-südamerikanischen Gerichten, das Bier kommt aus Tschechien. Über der Location rattert die Schnellbahn. €€

Grand Ferdinand ➡ J12
1., Schubertring 10–12
✆ (01) 918 80, www.grandferdinand.com
Tägl. 8–0.30 Uhr
Ein denkmalgeschütztes Haus an der Wiener Ringstraße. Ein Nobelrestaurant im Barockambiente. Hier gibt

Das Wirtshaus als Refugium

Beisl, eine Wiener Institution

Wien

Die Trias der Wiener Gastlichkeit sind Kaffeehaus, Heuriger und Beisl. Die ersten beiden werden von Touristenbussen angesteuert, das Beisl dagegen, die österreichische Version des Wirtshauses, ist noch zu entdecken. Dort lernt man wirklich Wiener kennen, wie im Bistro der französischen Hauptstadt Pariser. Das echte Beisl ist urwüchsig, rustikal und fristet sein Dasein im Abseits internationaler Aufmerksamkeit. Es ist noch nicht zu Tode klischiert und bietet nach wie vor originale Wiener Geselligkeit.

Im urigen Gasthaus Pfudl in Wien.

Der Begriff Beisl stammt vom jiddischen *Baiz* – kleines Haus. Es ist ein Kind der Armut im 19. Jahrhundert, als Wien durch regen Zuzug eine Bevölkerungsexplosion erlebte. Weil sich nicht alle Ankömmlinge Wohnung oder Hotel leisten konnten, wurde für sogenannte Bettgeher das Wirtshaus zum Wohnzimmerersatz. Sie aßen und tranken dort günstig, im Hinterzimmer konnten sie billig schlafen. Deshalb gibt es die urigsten Beisl bis heute in Wiens Außenbezirken, im ersten Bezirk waren sie nicht gern gesehen. Auf der Schiefertafel sind mit Kreide die Tagesgerichte geschrieben, der Raum ist holzvertäfelt, das Essen nicht ästhetisch aufgerüstet, aber nahrhaft und gut zubereitet. Man trinkt ein *Achterl* oder einen *G'spritzten*, löffelt Rindssuppe mit Einlage, Schnitzel mit Kartoffelsalat, saure Wurst oder Zwiebelbraten mit gerösteten Knödeln. Der Klassiker dieser Hausmannskost ist die Kombination Gulasch und Bier. Auch Mehlspeisen wie Palatschinken (gefüllter Pfannkuchen) sind im Angebot.

Die sogenannten Nobelbeisel haben mit dem Beisl nichts zu tun. Sie schreiben sich fälschlicherweise mit zwei »e« und servieren Tafelspitz, um sich bei Touristen anzubiedern. Das ist nicht mehr authentisch, zudem haben aufgeputzte In-Lokale die verkehrte Preisklasse. Dort fühlt sich niemand, der das Beisl liebt, wirklich *wia z'Haus*.

Info Heidingers Gasthaus: Selzergasse 38, 1150 Wien, Tel. (01) 985 99 11, www.heidingers.at, Mo–Fr 11–14.30 und 17.30–22 Uhr. **Info Pfudl:** Bäckerstr. 22, 1010 Wien, Tel. (01) 512 67 05, www.gasthauspfudl.com, Öffnungszeiten Di–So 12–23 Uhr. **Info Witwe Bolte:** Gutenberggasse 13, 1070 Wien, Tel. (01) 523 14 50, www.witwebolte. at, Öffnungszeiten Mo–Fr 17.30–23, Sa/So 12–23 Uhr. **Info Gmoa Keller:** Am Heumarkt 25, 1030 Wien, Tel. (01) 712 53 10, www.gmoakeller.at, Öffnungszeiten Mo–Sa 11–24 Uhr.

es noch Speisen wie in Zeiten der Monarchie, nur etwas reduziert. Des Wieners liebste Speise, das echte Wiener Schnitzel, ganz vornedran. €€–€€€

Heidinger's Gasthaus ➡ aC3
15., Selzergasse 38
✆ (01) 985 99 11, www.heidingers.at
Mo–Fr 11–14.30 und 17.30–22 Uhr
Hier kann man studieren, wie früher gespeist wurde. Vorstadt-Beisl mit Originaleinrichtung aus der Zeit zwischen den Weltkriegen. Altwiener Küche, kalorienreich und schmackhaft. €–€€

Hofzeile 27 ➡ aB3
19., Hofzeile 27
✆ (06 64) 527 79 29, www.hofzeile27.at
Mi–Fr 11.30–14.30 Uhr Lunch (à la carte), Mi–Sa ab 19 Uhr Dinner (mit Reservierung), So 10.30–13.30 Uhr Brunch (mit Reservierung)
Sibylle Fellner-Kisler und ihr Mann bieten traditionelle österreichische Küche in der eigenen Wohnung. Sie kocht, er serviert das Fünf-Gänge-Menü. Schickes Ambiente, zu Gast bei echten Wienern. Das Menü kostet € 79, Brunch € 44. €€€

Ignaz Jahn ➡ nördl. F12
Obere Augartenstr. 46
✆ (01) 890 72 10, www.ignaz-jahn.at
Di–Sa 12–14, So 12–16 Uhr
Typische österreichische Küche. Regionale und saisonale Produkte sind im Angebot. Der junge Gastronom gilt als beste Adresse in »einer Käsknöpfle-Hütte beim Augarten«. Zum Restaurant gehört ein wunderschöner Gastgarten mit altem Baumbestand. €€

Leberkas-Pepl ➡ K11
1., Operngasse 12
✆ (06 64) 265 88 65, www.leberkaspepi.at
Tägl. außer So 9–2 Uhr
Ein Linzer erobert die Hauptstadt. Neben Classic Leberkas gibt es Röstzwiebel-, Spinat-Knoblauch-, Pikant-, Chili-, Puten-, Saison- u.a. Varianten des Leberkas, auch mit Trüffel und Steinpilz. Dazu ofenfrisches Gebäck. €

Altwiener Küche gibt's in Heidinger's Gasthaus

Hier findet man alles, was das Leberkas-Herz begehrt: Leberkas-Pepi

Lingenhel ➡ M16
3., Landstraßer Hauptstr. 74
✆ (01) 71 01 566, www.lingenhel.com
Mo–Sa 8–22 Uhr
Delikatessengeschäft, Weinbar und Wiens erste Stadtkäserei – das alles unter dem Dach eines Restaurants. Getrennt nur durch eine Glasscheibe. Feinkostexperte Johannes Lingenhel nennt das eine „Lebensmittel-Werkstätte", sie ist mit viel Holz und Stein hergerichtet. Frischer gibt es Käse nirgendwo, dazu noch andere Delikatessen. €€

Marco Simonis – Bastei 10 ➡ H13
2., Dominikanerbastei 10
✆ (01) 51 220 103, www.marcosimonis.com
Mo–Fr 8.30–20 Uhr

Hier treffen originelles Design und ausgewählte Schmankerl aufeinander: Marco Simonis

Eine ehemalige Druckerei bietet Design, Delikatessladen und Schmankerl-Lokal. Mit Tartes, gefüllten Baguettes, Sandwiches, Fisch aus Portugal, Gewürzmischungen und Tees aus aller Welt zwischen Büchern, Home-Accessoires und Geschenkprodukten. €€-€€€

Marktlücke ➡ F12
2., Große Pfarrgasse 5
✆ (01) 890 20 55, www.marktluecke.at
Di–Do 17–24, Fr 17–1, Sa 12–1 Uhr
Eine Marmor-Holz-Messing-Bar, Luster aus kunstvoll gestraffter Seide, zwei mächtige Tische, zu einer Tafel zusammengefügt. Über die Durchreihe gelangen edle Speisen in den Gastraum. Kalte Vorspeisen, getrüffelte Polenta und Grillgemüse, Wolfsbarschfilet, als Dessert karamelisierter Nussschmarrn. Dazu noble Weine und Cocktails. €€–€€€

Max & Benito

Max & Benito ➡ G11
2., Wipplingerstr. 23
✆ (06 60) 37 222 18, www.maxbenito.at
Mo–Fr 11.30–21 Uhr
Eine Schweineschulter wird sechs Stunden mit Chili-Gewürzen gegart, alle Tortillas sind hausgemacht, Burrito oder Taco sind mit Fleisch und Gemüse gefüllt, können aber auch in der Schale bestellt werden. Der Koch ist halb Chilene, halb Mexikaner. Manchmal gibt es Warteschlangen. €-€€

Die Theke im Motto am Fluss mit Blick auf die Donau

Motto am Fluss ➡ G12
1., Franz-Josefs-Kai zwischen Marien- und Schwedenbrücke
✆ (01) 252 55 10/11, www.motto.at
Tägl. 11.30–14.30 und 18–2 Uhr
Ein architektonisch und kulinarisch aufregender Neuzugang am Donaukanal, gebaut in der Form eines vor Anker liegenden Ozeandampfers. Zwei Ebenen mit Restaurant, Café, Bar und einer »Edelgreißlerei« (günstige Mittagsmenüs tägl. 11.30–14 Uhr). €€–€€€

Der Naschmarkt ist nicht nur bei Einheimischen ein beliebter Treffpunkt zum Mittagessen

Mozart´s ➡ L6
6., Haidmannsgasse 8
✆ (01) 893 30 71, www.facebook.com/mozartsvienna
Tägl. 18–6 Uhr
Jahrzehnte lang war das Mozartstüberl unweit des Westbahnhofs ein uriges Lokal für Nachtschwärmer, Rucksacktouristen und Leute, die an Holztischen Bodenständiges verspeisten. Statt Paprika-Rahmschnitzerl locken nun Burger-Kreationen, kein Fiakergulasch mehr, sondern Bio-Rind. €–€€

Mr & Mrs Feelgood ➡ K11
4., Paniglgasse 22
✆ (0676) 366 93 19, www.mrandmrsfeelgood.at
Mo–Fr 8–18, Sa 9–15 Uhr

»Gesundes Take-away abseits der Wurstsemmel«, lautet das Motto von Pia Ahorner und Josef Pungersek: Ingwer und Nüsse, Blattsalat mit Shrimps oder Hühnerstreifen in Avocadosauce, Cheesecakes und Muffins ohne Zucker und Mehl. Smoothies aus Avocado und Babyspinat, Mango, Kiwi etc. €–€€

Nata Lisboa ➡ L15
3., Landstraßer Hauptstr. 65
✆ (06 60) 797 53 79, www.natalisboa.com
Mo-Fr 9-19, Sa 10-18 Uhr
Pastel de Nata, die berühmten Puddingtörtchen aus Lissabon, gibt es hier auch als würzige Variante mit Huhn, Ente, Stockfisch und der deftigen Wurst Farinheira gefüllt. €

Neni am Naschmarkt ➡ K10
4., Linke Wienzeile, Stand 510
✆ (01) 585 20 20, www.neni.at
Mo–Sa 8–23, Frühstück 8–14 Uhr
Im Holzbackofen knistert es. Dort werden Brot und die ostjüdischen, geflochtenen Challa-Zöpfe gebacken. Haya Molchos Lokal hat den schönsten Gastgarten des Naschmarkts. Die in Israel geborene Gastronomin hat in der Mitte einen Olivenbaum aus ihrer Heimat pflanzen lassen. Es gibt Mezze und Salate, Reuben-Sandwich mit New Yorker Pastrami auf Wiener Mischbrot, Hühnerleberpastete im Glas mit Chutney und Brioche und hausgemachte Pommes. Nur Bargeld. €€

Veganer Glücks-Ramen im Okra

Okra ➡ F12
2., Kleine Pfarrgasse 1
✆ (0699) 17 52 71 90, www.okra1020.com
Di–Sa 12-22 Uhr
Ein Kosmos asiatischer Aromen. Nudelsuppen, hausgemachtes Sushi, Tuna Tataki und Fünf-Gewürze-Ananas. Japanische Tradition mit österreichischem Handwerk. €€

Otto Bauer ➡ L8
6., Otto-Bauer-Gasse 13
✆ (06 64) 38 755 27, www.ottobauer.at
Mo–Fr 11–22 Uhr
Innovativer Speis und Trank verbunden mit upgecycelten Möbeln und junger Malerei sowie Kräuterplantage. Gebeizter Zander auf Rüben, Lammkrone mit Chorizo oder Bulgurlaibchen mit Erbsencreme. Möbel und Bilder sind käuflich. Der Tagesteller mittags kostet unter € 10. €–€€

Prinz Ferdinand ➡ G7
8., Bennoplatz 2
✆ (01) 402 94 17, www.prinzferdinand.at
Mo–Sa 10.30–23.30, So/Fei 10.30–23 Uhr
Ein Beisl ist eine Hinterlassenschaft der Donaumonarchie mit ihrem Vielvölkergemisch. Hausgemachtes Brot

Der Außenbereich des Pfudl lädt zum Verweilen ein

mit Topfenaufstrich und Kapern, und das ist erst der Anfang. €€

Leckerer Tintenfischburger im said the butcher to the cow

Pfudl ➡ H12
1., Bäckerstr. 22
✆ (01) 512 67 05, www.gasthauspfudl.com
Di–Sa 12–23 Uhr
Aufgemotztes Traditionsbeisl, aber sehr gute Stimmung. Berühmt geworden ist es durch den Pfudl-Strudl. Günstiger, täglich wechselnder Mittagstisch, im Sommer auch im schönen Garten. €€–€€€

Pramerl & The Wolf ➡ nördl. F10
9., Pramergasse 21/1
✆ (01) 94 64 139
www.prameldandthewolf.com
Bistronomie ist hier das Programm: die Kunst des Weglassens. Im Kleinen heißt das: »Alles, was nicht zum guten Essen gehört, wird weggelassen, das ganze Gschichti und Gschasti«, hat der Chef verkündet. Verwertet werden beste Produkte und garantiert wird gediegenes Küchenhandwerk. €€

said the butcher to the cow ➡ J11
1., Opernring 11
✆ (01) 535 69 69
www.butcher-cow.at
Di/Mi 17–1, Do–Sa 17–2 Uhr
13 Burger aus den besten Fleischteilen der Kuh, so die Werbeverheißung des Trendlokals. Es wird beliefert von Wiens berühmtestem Fleischermeister, Leopold Hödl. Serviert werden sie mit Bohnenlaibchen, Maispuffer in Ciabatta oder Rucola, dazu 13 Saucen. €€–€€€

Strandgasthaus Birner ➡ aB4
21., An der Oberen Alten Donau 47
✆ (01) 271 53 36
www.gasthausbirner.at
Tägl. 9–24, im Winter 9–22 Uhr
Mit Todesverachtung balancieren Kellner schwer beladene Tabletts aus der Küche über die belebte Straße zu den Donau-Terrassen. Im Winter schmecken die typisch Wiener Gerichte auch im Gasthof, zehn U-Bahn-Minuten vom Stephansplatz entfernt. €€

Osteuropäisches Fingerfood im Trzesniewski

Österreichs erstes Fair-Trade-Lokal: Essen im Weltcafé

Trzesniewski ➡ H11
1., Dorotheergasse 1
✆ (01) 512 32 91
www.trzesniewski.at
Mo–Fr 8.30–19.30, Sa 9–18, So/Fei 10–17 Uhr
Osteuropäische Deftigkeiten auf Schnittchen, Brötchen genannt. Geflügelleberaufstrich, Frischkäse mit Zwiebel, Gurke mit Ei, Lachsersatz oder Schwedischer Hering. Einfach draufzeigen, sich einen Pfiff (kleines Bier) zapfen lassen und genießen. Die Rezepte werden seit über 80 Jahren geheim gehalten. Die Brote schmecken den Wienern so gut, dass sie sie per Boten holen lassen, und Trzesniewski hat inzwischen in der Stadt acht Filialen aufgemacht. €

Weltcafé ➡ F9
9., Schwarzspanierstr. 15
✆ (01) 405 37 41
www.weltcafe.at
Tägl. 8.30–24, Sa/So ab 9 Uhr
In Österreichs erstem Fair Trade und Bio-Szenelokal werden Speisen und Getränke ausschließlich aus Produkten zubereitet, die aus fairem Handel stammen. Man kann Chinesischen Feuertopf, Couscous mit Lamm, Bananen mit Schokoladen-Empanadas und Frühstück (bis 22 Uhr) also mit gutem Gewissen verspeisen. €–€€

Wirtshaus Woracziczky ➡ M9
4., Spengergasse 52
✆ (06 99) 11 22 95 30
www.woracziczky.at
Mo–Fr 11.30–14.30 und 18–24 Uhr
Erdäpfel mit Rotweinschalotten, Kalbsrahmgulasch, Blunzentascherln mit Rahmkraut und Kren. Fiakeressen, orientiert an böhmischer Küche. €€

Zu den 3 Hacken ➡ H12
1., Singerstr. 28
✆ (01) 512 58 95
www.zuden3hacken.at
Tägl. außer So 11–24 Uhr
Franz Schubert, Johann Nestroy und andere Berühmtheiten haben in diesem rustikalen Lokal schon gesessen, denn es gehört zu den ältesten Gastwirtschaften

Kosten an der goldenen Tafel

Restaurant Steirereck

Wien

Gastronomie lebt auch von guten Ideen. Im »Steirereck« in einer ehemaligen Meierei am Ufer des Wienflusses ließ die Eigentümerfamilie Reitbauer Architekten nur bedingt ans Werk. Den großen Auftrag erhielt ein

Neubau des Restaurants Steirereck mit reflektierender Metalloberfläche.

Bühnenausstatter, der das Inszenieren verstand. Er schuf an einem der schönsten Plätze der Stadt ein Feinschmecker-Imperium, das nicht nur Gutverdienende mit Gourmetträumen versorgt, sondern auch solchen etwas bietet, die erst mal nur probieren wollen. In der Meierei werden Käse und Milchprodukte zu vernünftigen Preisen serviert, dort fängt der Gast an zu probieren. Hat er Appetit auf mehr, begibt er sich zum Restaurant und schnabuliert auserlesene Kleinigkeiten wie Beef Tatar, Beuschel (weich gekochte und verfeinerte Kalbslunge) oder delikate Fischhappen. Auch hier ist die Preisgestaltung die beste Einladung. Viele Gäste, die sich so eingeschmeckt haben, buchen später gern auch einen Tisch im Restaurant.

Das »Steirereck«, unter der Leitung von Heinz Reitbauer – 1970 geborener Sohn der Eigentümer –, zählt zu den 50 besten Restaurants der Welt. Dort gibt es »Feinschmeckerküche mit wienerischer Erdung«, urteilte ein Magazin. Sie ist äußerst aufwendig inszeniert und bietet Gerichte, die klassisch sind, aber raffiniert kreativ gestaltet, weshalb vier Hauben und 19 Punkte im Gault-Millau für das »Steirereck« nicht ausblieben. Dabei bleibt die Atmosphäre leger, das Steife mancher Gourmettempel hat hier keinen Platz. Der Service ist kompetent ohne viel Schnickschnack.

Auch optisch schlägt man neue Wege ein: Mit dem Umbau und der Erweiterung des Restaurants wurde das Wiener Architekturbüro PPAG Architects beauftragt. Das Ergebnis: ein moderner, verzweigter Pavillon mit reflektierenden Metalloberflächen im Wiener Stadtpark.

Info: Im 3. Bezirk, im Stadtpark gelegen. **Info Restaurant Steirereck:** Am Heumarkt 2 A, 1030 Wien, Tel. (01) 713 31 68, www.steirereck.at, Öffnungszeiten Restaurant Mo–Fr 11.30–14.30 und ab 18.30 Uhr, Reservierung erforderlich. Öffnungszeiten Meierei Mo–Fr 8–23, Sa/So 9–19 Uhr, Reservierung empfohlen, Preise auf Anfrage.

der Stadt. Hier gibt es Altwiener Küche, allerdings leicht modernisiert. €€

Wiener Schnitzeljagd

Wiener Schnitzel, aber auch Rindfleischgerichte (Tafelspitz, Hüferscherzel usw., insgesamt 24 Variationen) verkörpern die Urwiener Küche. Den Lobpreis des »bürgerlichen Essens« verfasste Joseph Roth in seinem Roman »Radetzkymarsch«. Indes: Die Wiener Küche ist auf dem Rückzug.

Einige Beisln (der Begriff stammt aus dem Jiddischen und bedeutet »kleines Haus«) halten an der Tradition fest, sowohl in der Küche als auch in der Einrichtung (Parkett, Tische mit weißgrünem Tuch, braune Vertäfelung). Allerdings hat die derbe Fleischküche allerorten eine Veredelung erfahren. Wer diese urigen Lokale besucht, kann dort speisen wie die alten Wiener. €–€€€

Blunzenstricker ➡ westl. G6
16., Ottakringer Str. 71
✆ (01) 485 78 46, www.blunzenstricker.at
Di–Fr 16–24, Sa 12–24, So 12–18, Fei 12–24 Uhr

Figlmüller ➡ H12
1., Bäckerstr. 6
✆ (01) 512 17 60, www.figlmueller.at
Tägl. 11.30–23.30 Uhr
Die ultimative Schnitzel-Adresse der Stadt mit großen Portionen.

Im Figlmüller sind die Schnitzel auch mal größer als der Teller

Des Kaisers Leibspeise stammt gar nicht aus Wien

Wiener Schnitzel

Wien

Die meisten amerikanischen Touristen landen in »Figlmüllers Restauration«, einer Adresse, die jenseits des Großen Teichs Kultstatus besitzt. Dort gibt es das »berühmteste Schnitzel in Wien seit 1905« (Eigenwerbung). Die Kellner mit Fliege schieben mit sperrigem Charme Teller mit über den Rand lappenden Schnitzeln und Salatschüsseln auf die Tische. Dann beginnt das große Schmausen.

Eigentlich ist das Wiener Schnitzel gar kein österreichisches Kulturgut. Als die Habsburger noch einen Vielvölkerstaat von 56 Millionen Untertanen regierten, hielten sie auch die Lombardei besetzt. In der Gegend um Mailand gab es schon im 16. Jahrhundert Bäuerinnen, die ihren Männern nach harter Feldarbeit *Costoletta alla Milanese* vorsetzten. Das schmeckte auch den Besatzern. Feldmarschall Radetzky schrieb an den Wiener Hof: »Die Mailänder Küche bringt etwas wahrhaft Außergewöhnliches hervor: ein Kalbskotelett, in Ei gewälzt, paniert und in Butter gebacken.« Dieses Schriftstück befindet sich im Österreichischen Staatsarchiv. Radetzky wurde nach Wien beordert und musste der Hofküche das Rezept erläutern. So kam es zum Wiener Schnitzel, das Kaiser Franz Joseph prompt zu seiner »Leibspeis« ernannte.

Die meisten Wien-Besucher wissen nicht, dass es die besten Schnitzellokale nicht im zentralen 1. Bezirk, sondern an dessen Peripherie gibt.

Die Nobelgastronomie versucht, das Schnitzel zum Gourmeterlebnis zu stilisieren, serviert mit viel Dekoration und zu einem Preis, der, höflich gesagt, erstaunlich ist. Aber das echte Wiener Schnitzel braucht ein unverfälschtes Gasthausinterieur. Es gabelt sich einfach besser in einem typischen Alt-Wiener Stüberl mit Eckbänken und ohne Schnickschnack.

Für ein echtes Wiener Schnitzel kommt nur Kalbfleisch infrage.

Info Beim Czaak: Postgasse 15, 1010 Wien, Tel. (01) 513 72 15, www.czaak.com, Öffnungszeiten Tägl. 16–23.30 Uhr. **Info Bastei Beisl:** Stubenbastei 10, 1010 Wien, Tel. (01) 512 43 19, www.basteibeisl.at, Öffnungszeiten Mo–Fr 10–24, Sa 10–15 und 18–24 Uhr. **Info Gasthaus Reinthaler:** Stuwerstr. 5, 1020 Wien, Tel. (01) 726 82 82, www.gasthaus-reinthaler.at, Öffnungszeiten tägl. 10–23 Uhr. **Info Gasthaus Ubl:** Preßgasse 26, 1040 Wien, Tel. (01) 587 64 37, Öffnungszeiten Mi–So 12–14 und 18–24 Uhr. **Info Griechenbeisl:** Fleischmarkt 11, 1010 Wien, Tel. (01) 533 19 77, www.griechenbeisl.at, Öffnungszeiten tägl. 11–1 Uhr. **Info Gasthaus Wolf:** Große Neugasse 20, 1040 Wien, Tel. (01) 581 15 44, www.gasthauswolf.at, Öffnungszeiten Mo 18–23, Di–Sa 17–1, Di–Fr auch 12–14 Uhr. **Info Zur Eisernen Zeit:** Naschmarkt 316–320, 1040 Wien, Tel. (01) 587 03 31, www.zureisernenzeit.at, Öffnungszeiten Mo–Sa 8–23 Uhr. Reservierung empfohlen. **Info Rezept:** www,wien.info, Suchbegriff »Schnitzel«.

Klassischer Tafelspitz im Plachutta Hietzing

Kussmaul ➡ H12
Bäckerstr. 5
✆ (01) 286 11 17, www.kussmaul-vienna.com
Mo–Sa 15–2 Uhr
Der Kroate Mario Bernatovic setzt auf hochwertige biologische Produkte.

Oswald & Kalb ➡ H12
1., Bäckerstr. 14
✆ (01) 512 13 71, www.oswaldundkalb.com
Mo–Sa 17–23.30 Uhr

Plachutta Hietzing ➡ N1
13., Auhofstr. 1, nahe Schloss Schönbrunn
✆ (01) 877 77 870, www.plachutta.at
Tägl. 11.30–15 und 23.30 Uhr, Sa und So durchgehend
Eine Institution und Pilgerstätte für Freunde der klassischen Wiener Küche.

Pöhl am Naschmarkt ➡ K/L10
4., Wienzeile, Stand 167
✆ (01) 586 04 04, www.poehlamnaschmarkt.at
Mo–Fr 9–19, Sa 8–17 Uhr
In den letzten Jahren vergessene Alt-Wiener Rezepte wie Kalbsbackerl oder Beuscherl werden hier wiederbelebt. €€

Ubl ➡ L10
4., Preßgasse 26
✆ (01) 587 64 37
Mi–So/Fei 12–14 und 18–24 Uhr, warme Küche bis 22 Uhr
Eines der authentischsten Gasthäuser Wiens.

Heurige

Heurigen-Lokale sind eine Wiener Spezialität. Es sind Örtlichkeiten am Rand der Stadt, meist Höfe von Weinbauern, in denen Heuriger, also in diesem Jahr gekelterter Wein, ausgeschenkt wird – laut Vorschrift immer ab 11. November. Man sitzt am Wienerwald oder auf der anderen Donauseite an rustikalen Tischen mit karierten Tischtüchern, labt sich am Buffet und trinkt hurtig die Gläser leer. 150 Original-Heurige soll es im Raum Wien noch geben. Echte Heurige erkennt man am »Buschen«, dem grünen Föhrenzweig an der Tür, und einem amtlichen grün-weißen Plakat.

Heurige-Lokal mit großem Garten: Hengl-Haselbrunner Buschenschank

Edlmoser ➡ aD2
19., Maurer Lange Gasse 123
Tram 60: Maurer Lange Gasse
✆ (01) 889 86 80, www.edlmoser.com, tägl. ab 14.30 Uhr
Ein jahrhundertealter Familienbetrieb, Winzer Michael Edlmoser bringt Erfahrungen aus dem Ausland ein. Produziert wird an den Ausläufern des Wiener Waldes.

Hengl-Haselbrunner Buschenschank ➡ aB3
19., Iglaseegasse 10
U4: Heiligenstadt, dann Bus 10 A/ 39 A: Saarplatz
✆ (01) 320 33 30, www.hengl-haselbrunner.at
Tägl. 15.30–23, Küche bis 22 Uhr
Mit großem Gastgarten und gemütlichen Stüberl für kalte Tage.

Heuriger Wieninger ➡ nördl. aA4
21., Stammersdorfer Str. 31, Tram 31: Stammersdorf
✆ (01) 290 10 12, www.wieninger.at
Mi–Fr ab 15, Sa/So/Fei 12–24 Uhr
Wird in der dritten Generation von Leo Wieninger geführt.

Wiener Winzer

Mayer am Pfarrplatz ➡ aB3
19., Heiligenstädter Pfarrplatz 2
U4: Heiligenstadt, dann Bus 38 A: Fernsprechamt Heiligenstadt
✆ (01) 33 60 197, www.pfarrplatz.at
Mo–Fr 16–24, Sa/So/Fei ab 12 Uhr
Schon Beethoven ist 1817 hier eingekehrt.

Den Roten wie den Weißen

Heurigen-Lokale

Wien

So kann einem das Leben gefallen. Man sitzt am Wienerwald auf einer Höhe oder auf der anderen Donauseite an rustikalen Tischen mit karierten Tischtüchern, labt sich am Buffet und trinkt munter einige Gläser leer. Als Motto gilt ein Lied von Hans Moser: »Ich tu den Wein nicht trinken, sondern beißen. Ich trink den roten grad so gern wie den weißen.«

Geselligkeit beim Heurigen in Heiligenstadt.

Heurigen-Lokale sind eine Wiener Spezialität. Zwar gibt es sie in ganz Ostösterreich, aber erfunden wurde diese Art von Gastronomie in Wien. Anlass war eine geharnischte Beschwerde, die 1784 Kaiser Joseph II. zum Erlass einer Verordnung bewegte. Die Wirte eines kleinen Orts in der Grafschaft Görz hatten lautstark geklagt, dass ihre Herrschaft sie zwingen wollte, ausschließlich Wein aus den herrschaftlichen Gütern auszuschenken. So blieben sie auf ihrem eigenen Wein sitzen. Im Erlass stellte der Kaiser klar, dass »jedermann die Erlaubnis zuteil wurde, selbst hergestellte Labensmittel, Wein und Obstmost zu allen Zeiten zu verkaufen und auszuschenken«.

Rund 100 Original-Heurige soll es noch im Raum Wien geben. Örtlichkeiten, meist Höfe von Weinbauern, in denen *Heuriger* – also in diesem Jahr gekelterter Wein – ausgeschenkt wird. Laut Vorschrift immer ab 11. November. Echte Heurige erkennt man am grünen Föhrenzweig, dem *Buschen* – deshalb auch *Buschenschank* genannt –, außen an der Tür und einem amtlichen grün-weißen Plakat. An 330 Tagen im Jahr darf der Wein ausgeschenkt werden, danach gilt er nicht mehr als Heuriger. Ein Heuriger ist allerdings eingeschränkt: Außer alkoholfreien Getränken darf prinzipiell nur Wein aus eigener Erzeugung verkauft werden, die Getränkepalette eines Gasthauses findet man nicht vor. Auch das Essen ist vorwiegend auf kalte Gerichte beschränkt, die Speisen werden vom Gast am Buffet geholt und dort gleich bezahlt. Einige Heurigenlokale haben sich allerdings inzwischen eine zusätzliche Restaurantkonzession zugelegt.

Info Fuhrgassl-Huber: Neustift am Walde 68, 1190 Wien, Tel. (01) 440 14 05 www.fuhrgassl-huber.at, Öffnungszeiten Mo–Sa 14–24, So 12–23 Uhr. **Info Gasthaus Häuserl am Stoan:** Zierleitengasse 42 A, 1190 Wien, Tel. (01) 440 13 77, www.amstoan.com, Öffnungszeiten Do–Sa 11–21, So bis 20 Uhr. **Info Mayer am Pfarrplatz:** Pfarrplatz 2, 1190 Wien, Tel. (01) 370 12 87, www.pfarrplatz.at, Öffnungszeiten Mo–Fr 16–24, Sa/So ab 12 Uhr.

Schübel-Auer ➡ aB3
19., Kahlenberger Str. 22, Nußdorf
Tram D: Endstation Nußdorf
✆ (01) 370 22 22, www.schuebel-auer.at
März/April Mi–Fr 15.30–24, Sa 12–24, So 12–23, Mai–Okt. Di–Fr 15.30–24, Sa 12–24, So 12–23 Uhr
Beliebte Heurige mit schönem Garten; Speisen sind durchschnittlich.

Stammersdorf ➡ nördl. aA4
http://weinort-stammersdorf.at
Der größte Weinbauort Wiens liegt am Fuß des Bisamberges. Hier finden sich mehrere urige Heurige.

Weingut Wien Cobenzl ➡ aB3
19., Am Cobenzl 96
U4: Heiligenstadt, dann Bus 38 A: Kahlenberg
✆ (01) 320 58 05, www.weingutcobenzl.at
Mo–Fr 8–12 und 14–17 Uhr
Dieses Weingut ist Eigentum der Stadt Wien. Schon im 13. Jh. wurde hier gekeltert. Das Gut hat zahlreiche Auszeichnungen bekommen.

Zum Martin Sepp ➡ nördl. F9
Cobenzlgasse 34, 1190 Wien-Grinzing, Tram: Linie 38
✆ (01) 13 20 32 33, www.zummartinsepp.at
Tägl. 11.30–24 Uhr
Der Heurigenwirt hat seine Kneipe mit Gastgarten direkt gegenüber der Pfarrkirche von Grinzing und bietet alle kulinarischen Klassiker und Wein vom eigenen Winzerbetrieb Martinshof. ■

Lädt zum Einkehren ein: Zum Martin Sepp

Nightlife
Bars, Clubs, Livemusik, Open Air, Szenelokale, Casino

Wien besitzt eine umtriebige Szene, die immer wieder für eine Überraschunge gut ist. In einer so morbiden Stadt mit einer intensiver Beziehung zum Tod strotzt es vor Leben. Alle paar Monate eröffnen neue Lokale, andere verschwinden und immer neue Geheimtipps machen die Runde.

Bars

Bonbonniere-Bar ➡ J11
1., Spiegelgasse 15, ✆ (01) 512 68 86
Mo-Sa 18-2 Uhr, Aug. geschl.
Wiens vermutlich älteste Bar nahe Stephansplatz hat schummriges Licht, rote Stofftapeten und Samtsessel in Nischen. Man trinkt einen Cocktail, das Piano erklingt und man fühlt sich in eine andere Zeit versetzt.

Botanical Garden ➡ G10
8., Kolingasse 1/Währinger Str. 6–8
www.botanicalgarden.at, Di–Do 18–2, Fr/Sa 18–3 Uhr
Erdig, roh, urban, bunt ist die Cocktailbar, die von drei jüngeren Männern aus der Bar-Gastronomie geleitet wird. Statt Cocktail-Klassikern gibt es neue Mixturen, Spezialität ist Falernum, ein Rumlikör mit Kräutern und

Wer Cocktails abseits der Klassiker mag, wird im »Botanical Garden« fündig

Gewürzen aus Barbados. Dazu Käsekrainer mit Thai-Basilikum im Bangkok-Style oder Smoked Beef Tartare. Die Wände sind mit Seefahrer-Motiven bepinselt, es gibt Lichtinstallationen und Ausstellungen.

Wiener Bar des 21. Jahrhunderts

Clash ➡ nördl. F8
9., Fluchtgasse 9
✆ (01) 922 48 30, www.clash.at
Tägl. 18–1.30 Uhr
Im »Wohnzimmer im Neunten« geht es entspannt zu, die Preise sind vernünftig. Mit kleinem Raucherbereich. Öfter geben Bands Liveauftritte.

Futuregarden Bar & Art Club ➡ K8
6., Schadekgasse 6
✆ (01) 585 26 13, www.facebook.com/futuregarden
Mo–Sa ab 18, So ab 19 Uhr
Bar, Galerie, Künstlertreffpunkt: Eine angenehme Mischung aus stylischer Bierschwemme und Kreativschmiede. Die Einrichtung ist minimalistisch, die DJs fühlen sich ganz und gar nicht dem Mainstream verpflichtet.

Loos Bar ➡ H11
1., Kärntner Durchgang 10
✆ (01) 512 32 83, www.loosbar.at
Tägl. 12–4 Uhr
Weltberühmter reduzierter und raffinierter später Jugendstil vom Künstler-Architekten Adolf Loos. Klein, aber mit vielen großen Leuten und solchen, die sich für berühmt halten. Wunderbare Wiener Melange.

Clubs

B 72 ➡ G7
9., Hernalser Gürtel, Bogen 72/73
✆ (01) 409 21 28, www.b72.at
Tägl. 20–4, Fr/Sa bis 6 Uhr
Derzeit einer der angesagtesten Clubs, in den Bahnbögen von Otto Wagner gelegen. Jede Nacht andere DJs.

Schikaneder ➡ L10
4., Margaretenstr. 24
✆ (01) 585 28 67, www.schikaneder.at

Nur die besten Materialien

Haus Steiner und Loos American Bar

Wien

Der österreichische Design-Architekt Adolf Loos (1870–1933) war um kein letztes Wort und um keinen finalen Trick verlegen, wenn es gegen jene ging, die sich seiner Kunst in den Weg stellten. Als 1910 das vermögende Ehepaar Lilly und Hugo Steiner bei ihm vorstellig wurde, weil es ein schickes Einfamilienhaus wollte, schwebte dem Bauherrenpaar ein üppiges Raumprogramm vor. Doch muffige Behörden machten den beiden mit ihrem Auflagenwust einen Strich durch die Rechnung. Nur ein eingeschossiges Haus mit Mansarde durfte es an der Straße sein. Loos fasste sich ob solcher Beamtenwillkür nicht nur an den Kopf wie seine Auftraggeber, sondern empfand die Situation als Herausforderung. Er entwarf einen äußerst eigenwilligen Baukörper. Vorn zog er ihm ein glänzendes Blechdach halbtonnenförmig bis zur Erdgeschossdecke über und ließ es am Scheitel in eine flache Holz-Zement-Decke übergehen. Hinten dagegen stockte er mächtig auf – die Gartenseite wurde dreigeschossig ausgebaut. Sie ist glatt und symmetrisch wie die Straßenfront, aber die beiden äußeren Fensterachsen sind risalitartig vorgezogen. Die Baubehörden hatten ihr eingeschossiges Gebäude an der Straßenseite, das Ehepaar hatte seine großzügigen Raumfluchten im hinteren Teil.

Die Loos American Bar.

Dabei macht das Gebäude bis heute einen gemütlichen Eindruck. Neben seiner Modernität war Loos das, was funktionsgerecht zum jeweiligen Kunden passte, das Wichtigste. In seiner Dienstleistung war er seiner Zeit weit voraus. In seinen Schriften wetterte er gegen das standardisierte Bauen, das auf spätere Bewohner keine Rücksicht nimmt. Bedingung war für ihn allerdings Bauen mit den besten Materialien und für diese reiste er mitunter durch ganz Europa. Auch die Inneneinrichtung des Hauses Steiner stammt von ihm, zu besichtigen ist das Haus aber nur von außen.

Einen Eindruck seiner genialen Ideen zur Innenausstattung offenbart die 1908 entstandene American Bar. Der Name erinnert daran, dass Loos sie direkt nach einem längeren Studienaufenthalt in Amerika entworfen hat. In der Bar richtete er seine Konzentration ganz auf die Inneneinrichtung aus. Sie sollte modern sein, aber nicht ungemütlich und kalt. Als Baumaterialien benutzte er einen Mix aus Holz, Glas, Messing, Marmor und Onyx. Er schuf warme Flächen, aber auch ein Spiegelkabinett, das dazu verhilft, auf Distanz zu gehen – auch zu sich selbst. Mithilfe der Spiegel verlängerte er optisch den nur sechs mal 4,5 Meter langen Raum. Nachtschwärmer mit Sinn für Ästhetik können hier zwischen 300 Cocktails wählen.

Info Haus Steiner: St. Veit-Gasse 10, 1130 Wien. **Info Loos American Bar:** Kärntner Durchgang 10, 1010 Wien, Tel. (01) 512 32 83, www.loosbar.at, Öffnungszeiten tägl. 12–4 Uhr.

Tägl. 18–4 Uhr
Die typische Wiener Melange, Programmkino, Bar, Club und Literaturbühne. Die Musik im Club ist so bunt wie das Publikum.

Livemusik

Café Malipop ➡ J13
3., Ungargasse 10
✆ (01) 713 34 41
Tägl. außer So 19–2 Uhr
Hier werden nur Vinylplatten aufgelegt, meist Klassiker der sechziger und siebziger Jahre. Man sitzt in etwas abgerubbelten Ledersofas, trinkt Bier und versinkt in der Popmusik von gestern.

Chelsea ➡ J5
8., Lerchenfelder Gürtel, Bogen 29–30
✆ (01) 407 93 09, www.chelsea.co.at
Tägl. 18–4 Uhr
Konzerte heimischer Underground-Bands, Britpop, Hip-Hop.

Flex ➡ F11
1., Donaukanal-Promenade, Abgang Augartenbrücke
✆ (01) 533 75 25, www.flex.at, Tägl. 18 Uhr bis open end
Täglich wechselnde DJs, ständig neue Live-Gigs in einem Riesenraum unter der Erde.

Konzert im Chelsea

Miles Smiles ➡ H8
8., Lange Gasse 51
✆ (01) 405 95 17, www.miles-smiles.at
Tägl. 20–2, Fr/Sa bis 4 Uhr
Eine Location zu Ehren von Miles Davis. Konzerte, vor allem Jazz, auch Lesungen. Musikorientiertes Publikum, Bier und belegte Brote. Günstig.

Open Air

Staatsoper am Karajan-Platz

Informationen und Programm jedes Jahr ab Mai unter www.wien-event.at.

Ein Gratis-Vergnügen mit viel Atmosphäre ist das Musikfilm-Festival auf dem Wiener Rathausplatz von Juli bis Anfang September. Vor der Kulisse des beleuchteten Amtsgebäudes gibt es Musik-Highlights wie Opern und Operetten, Konzerte der Wiener Philharmoniker und Ballettfilme. Dazu kulinarische Schmankerl aus aller Welt (diese schon ab 11 Uhr).

Oper live am Karajan-Platz: Wer im Parkett sitzt, zahlt ein Vermögen, aber draußen gibt es Don Giovanni, Tosca oder Don Carlo gratis auf der Großleinwand. Die Staatsoper überträgt jeden Sommer von April bis September große Oper und Ballett in Weltklasse-Besetzung gratis ins Freie. Fünf ferngesteuerte HD-Kameras sorgen für höchste Ansprüche, ein eigener Bildregisseur bereitet die Übertragungen entsprechend auf. Termine unter www.wiener-staatsoper.at.

Szenelokale

Art Dinner Club ➡ H13
1., Falkestr. 5
✆ (01) 51 20 560, www.artdinnerclub.com
Di–Sa 18–24, Fr/Sa 18–6 Uhr
Neben Bier, Weinen und Cocktails werden vom »Liquid Kitchen Labor« hausgemachte Sirupe mit erlesenen Kräutern serviert. Der Serenade Punch wird vom Bartender persönlich kreiert. An Tischen gibt es Bowleschalen, die sich Gäste selbst aufgießen können.

Das Gschwandner ➡ F6
17., Geblergasse 36–40

www.gschwandner.at
Das historische Vergnügungsetablissement der Wiener Vorstadt hat sich runderneuert. Der 1877 eröffnete große Saal sah schon viele Bälle, Konzerte und Filmvorführungen. Nun gibt es hier wieder Tanz, Theater, Film und Festivals.

Puff – Die Bar ➡ K10
6., Girardigasse 10
✆ (06 64) 534 65 64, www.puff-bar.at
Tägl. 19–2, Fr/Sa bis 4 Uhr
Das einstige Rotlichtlokal wurde zur Cocktailbar, die Nischen mit schwarzen Lederbänken blieben. Das Wiener Designstudio Walking Chair übernahm die Umgestaltung und ließ u. a. Cocktailmaschinen installieren.

Im Saal der Roten Bar finden regelmäßig Veranstaltungen statt

Rote Bar ➡ J9
7., Neustiftgasse 1
✆ (06 99) 15 01 50 14, www.rotebar.at
Tägl. 18.30–1 Uhr
Im Volkstheater gibt es im noblen Saal der Roten Bar Konzerte, Performances, Shows und Tanz für Junge und Junggebliebene.

Casino

Grand Casino Baden ➡ südl. aD3
Kaiser-Franz-Ring 1, 2500 Baden
✆ (022 52) 444-96, www.baden.casinos.at
Casino tägl. 15–3, Jackpot Casino 13–23 Uhr
Nur Jackpot-Corner-Bereich ohne traditionelle Casino-Bekleidungsvorschriften. ■

Badener Spielcasino

Kultur und Unterhaltung
Theater, Oper, Konzerte, Kinos, Tickets

Aus gutem Grund schrieb Karl Kraus in den zwanziger Jahren: »Die Straßen Wiens sind mit Kultur gepflastert. Die Straßen anderer Städte mit Asphalt.« Nirgendwo sonst in Europa – vielleicht abgesehen von Berlin – ist die Vielfalt an hochkarätigen klassischen und anderen Kulturevents so groß wie in Wien und nirgendwo ist die Auswahl so schwer.

Theater

Akademietheater ➡ K12
3., Lisztstr. 1
✆ (01) 514 44 41 40, www.burgtheater.at
Zweites Haus des Burgtheater-Ensembles, das hier in kleinerem Rahmen oft zeitbezogene Stücke zeigt.

Burgtheater ➡ H10
1., Universitätsring 2
✆ (01) 514 44 41 40, 514 44 44 40
www.burgtheater.at, Servicecenter Mo–Fr 9–17 Uhr
1776 von Kaiser Joseph II. als Hof- und Nationaltheater gegründet, siedelte es 1888 in das neu errichtete Haus am Ring über, von Gottfried Semper und Karl Hasenauer im klassizistischen Stil entworfen.

Zugang zum »Palast der Schauspielkunst«: die Kaiserstiege im Burgtheater

Dschungel Wien – Theater für Kinder, Familien, Jugendliche und junge Erwachsene ➡ J10
1., Museumsplatz 1, ✆ (01) 522 07 20 20
www.dschungelwien.at, Tickets ab € 14/8
Etwa 15 Jahre kämpfte die freie Theaterszene Wiens in »Sanftwut« um dieses Haus. 2004 wurde es eröffnet. Es ist kein klassisches Theater, sondern ein offenes Zentrum, »eine Drehscheibe für Kunst und Kultur für junges Publikum«. Der Dschungel Wien steht sowohl internationalen Gastspielen wie Produktionen der heimischen Szene offen. Das Angebot umfasst Tanz, bildende Kunst, Literatur, Film u.a. Crossover ist angesagt. Der Dschungel lockt auch Teenies.

Eine der bedeutendsten Bühnen Europas

BURGTHEATER

Wien

Die Wiener spotten zwar gern über die Burg, aber sollte ein Zugereister für diese Institution nicht genügend Respekt aufbringen, erlebt er schnell eine geballte Ladung an Empörung. Das Burgtheater gilt als österreichisches Nationaltheater und ist eine der bedeutendsten europäischen Bühnen, das sollte man neben allen Skandalen und Provokationen, die von dem Haus am Ring ausgingen, nicht vergessen.

Namhafte Schauspieler, die besten Regisseure und die berühmtesten Stücke wurden hier der Öffentlichkeit vorgeführt. Uraufführungen auf dieser Sprechbühne sorgten für ein breites Medienecho und veränderten die Kulturlandschaft im deutschsprachigen Raum und darüber hinaus. George Tabori und Thomas Bernhard, Peter Handke und Elfriede Jelinek brachten mit provozierenden Inszenierungen das bürgerliche Wien in Wallung. Claus Peymann, der langjährige, von den Wienern innig hassgeliebte Direktor, sorgte für aufsehenerregende Stücke in seiner Ära, und Schauspieler wie u. a. Attila und Paul Hörbiger sowie Fritz Muliar in frühen Jahren, Erika Pluhar, Klaus Maria Brandauer und Popstar Campino sorgten für Aufruhr und minutenlange Ovationen. Darüber sollte man nicht vergessen: Der klassische Burgtheaterstil und sogar das Burgtheaterdeutsch sind für deutschsprachige Bühnen richtungsweisend. Was von der Burg kommt, gilt generell als großes Theater.

1776 hatte Theaterfreund und Kaiser Joseph II. das »k. k. Hoftheater nächst der Burg« eingeweiht, nach seinem Willen sollte es »Teutsches Nationaltheater« sein. Per Dekret ordnete er an, dass auf der Bühne keine traurigen Ereignisse behandelt werden sollten. So erhielten Romeo und Julia oder Hamlet einen »Wiener Schluss«, ein Happy End.

Die andere Wiener »Burg«: das Burgtheater an der Ringstraße.

Eine erste Blüte erlebte das Theater 1814 bis 1832 unter seinem Direktor Joseph Schreyvogel, der besonders die Weimarer Klassiker pflegte und Grillparzer an die Burg holte. 1888 erfolgte die Eröffnung des neuen Hauses am Ring nach Entwürfen von Gottfried Semper, dem Dresdner Baumeister, und Karl Hasenauer. Gustav Klimt schuf gemeinsam mit seinem Bruder Ernst und Franz Matsch die Deckengemälde in den beiden Stiegenhäusern. 1945 brannte das Theater nach einem Bombenangriff vollständig aus und wurde 1955 wieder eröffnet. Das neobarocke Gebäude ist 136 Meter lang, die Fassade steigt 27 Meter empor und ist mit dekorativen Figuren geschmückt, darunter mehrere Kolossalgruppen. Die Eintrittskarten sind überraschend günstig, Oft bekommt man am Tag der Veranstaltung sogar noch ermäßigte Last-Minute-Karten.

INFO: In der Innenstadt, im 1. Bezirk gelegen. **INFO BURGTHEATER:** Universitätsring 2, 1010 Wien, Tel. (01) 514 44 41 40, www.burgtheater.at.

Tanzgruppe im Raimund Theater

Kabarett Stadtsaal ➡ K9
6., Mariahilfer Str. 81
✆ (01) 909 22 44, www.stadtsaal.com
Die berühmt-berüchtigte Wiener Häme kommt hier zum Zuge, mitunter Wienerisch.

Musiktheater Schönbrunn ➡ N3
13., Schloss Schönbrunn, ✆ (06 64) 111 16 00
Das Rokokotheater ist im Juli/Aug. Sommerdomizil der Kammeroper.

Raimund Theater ➡ M7
6., Wallgasse 18–20
✆ (01) 58 830 10 101, www.raimundtheater.at
Lange war das Raimund-Theater die beste Operetten-Adresse, nun ist es eine erste Musical-Adresse.

Max-Reinhardt-Seminar ➡ aC2
14., Penzinger Str. 9
✆ (01) 711 55 28 00, www.maxreinhardtseminar.at
In dem Palais, einst das Sommerschlösschen von Maria Theresia, sind schon sehr viele Schauspieler deutscher Sprache ausgebildet worden. Max Reinhardt eröffnete das Institut 1929. Die Studierenden spielen mit viel Engagement auf der Studiobühne des nahe gelegenen Schlosses Schönbrunn.

Moderne Darbietungen kann man sich im Schauspielhaus ansehen

Schauspielhaus ➡ F10
9., Porzellangasse 19
✆ (01) 317 01 01 11, www.schauspielhaus.at

Man bemüht sich um ein kompromissloses, modernes Programm und hat damit sowohl bei der Kritik als auch beim Publikum Erfolg.

Theater an der Wien & Wiener Kammeroper ➡ K10
6., Linke Wienzeile 6
✆ (01) 588 85, www.theater-wien.at
Wiens ältestes Opernhaus ist zugleich sein jüngstes – weil es generalsaniert wurde. Die Stars lieben dieses Haus. Seit einigen Spielzeiten hat sich auch die traditionsreiche Wiener Kammeroper hier angesiedelt.

Theater in der Josefstadt ➡ H8
8., Josefstädter Str. 24–26
✆ (01) 42 700 300, www.josefstadt.org
Das Theater Nestroys und Raimunds pflegt eine ambitionierte bildungsbürgerliche Bühnentradition.

Volkstheater ➡ J9
7., Neustiftgasse 1
✆ (01) 514 44 33 18, www.volkstheater.at
Immer noch der lobenswerte Versuch, Theater unters Volk zu bringen. Von hier ging die Aktion »Volkstheater in den Außenbezirken« aus.

Szene aus dem Stück »Rojava« im Volkstheater

Oper

Staatsoper ➡ J11
1., Opernring 2
✆ (01) 514 44 22 50, www.wiener-staatsoper.at
Das Flaggschiff österreichischen Kulturwesens. Ein Neorenaissancebau von 1869 nach Entwürfen der Architekten van der Nüll und von Siccardsburg. Hier spielen die Wiener Philharmoniker Weltklasse auch auf der Bühne: Kenner halten die Wiener Staatsoper für das führende Opernhaus, vor der Metropolitan Opera in New York und der Mailänder Scala.

Volksoper ➡ nördl. F9
9., Währinger Str. 78
Info ✆ (01) 51 44 40
Karten ✆ (01) 513 15 13, www.volksoper.at
Spieloper, Singspiel und Operette werden in diesem Haus zusammengeführt. Hier inszenierte der Tenor

Aushängeschild österreichischer Kultur

Wiener Staatsoper

Wien

Wien ist musikbesessen wie vermutlich keine andere Stadt der Welt. Deshalb wurde die 1869 fertiggestellte Oper am Ring platziert. Nur von dort aus kann man noch heute den historischen Teil betrachten, der vom ursprünglichen Bau erhalten blieb. Die Fassaden repräsentieren den pompösen Renaissance-Bogenstil, die Loggia verkörpert den öffentlichen Charakter des massiven Gebäudes. Die Planung der beiden Architekten August von Siccardsburg und Eduard von der Nüll hatte die ganze Häme der Wiener aktiviert, denen die ausufernden Formen zu gewaltig erschienen. Das war so kränkend, dass beide Baumeister aus Gram starben: Siccardsburg starb kurz vor der Eröffnung am Schlaganfall, Nüll beging Selbstmord. Der Kaiser als Auftraggeber war tief betroffen.

Über der Hauptfassade der Loggia sind zwei Reiter auf geflügelten Pferden unterwegs. In den Arkaden stehen fünf Bronzestatuen aus der griechischen Mythologie auf Podesten. Rechts und links flankieren das Haus zwei Brunnen, die für die Gegensätzlichkeit der Empfindungen stehen. Nach hinten verbreitert sich der zweiteilige Bau deutlich. Dort steht das Bühnenhaus mit den dazugehörigen Räumlichkeiten. Der schmalere Vorderteil enthält das Auditorium und für das Publikum zugängliche Räume.

Wiener Staatsoper am Opernring bei Nacht.

Auffällig sind die unterschiedlichen Dachformen: das gewölbte Dach über dem Kernbau der Anlage, Auditorium und Bühne, die Walmdächer der Quertrakte und die Satteldächer der zweigeschossigen Verbindungsbauten. An den Quertraktfassaden prangt das Wappen der österreichisch-ungarischen Monarchie.

1945 brannte das Haus bei der Eroberung Wiens durch die Rote Armee ab – der Wiederaufbau, bei dem das Gebäude gleichzeitig modernisiert und die Akustik verbessert wurde, dauerte zehn Jahre. Heute ist das Logentheater ein Aushängeschild des österreichischen Kulturwesens, mit einem der besten Orchester der Welt, den Wiener Philharmonikern. Und einem Opernball, der regelmäßig für internationale Schlagzeilen sorgt. Berühmte Direktoren waren u. a. Gustav Mahler, Richard Strauss, Herbert von Karajan und Lorin Maazel. Ins Ensemble der Wiener Staatsoper aufgenommen zu werden ist so etwas wie ein Ritterschlag. Neben Chor und Orchester für die Opernaufführungen – pro Spieljahr rund 60 verschiedene Werke – gibt es auch die Wiener Staatsoper für Kinder.

Info: In der Innenstadt, im 1. Bezirk gelegen. **Info Wiener Staatsoper:** Opernring 2, 1010 Wien, Tel. (01) 514 44 22 50, Führungen Tel. (01) 514 44 26 06, www.wiener-staatsoper.at.

Tanzszene aus »Wonderful Town« im Volksoper

Rolando Villazón die Opera buffa »Viva la Mamma« von Donizetti, die das Geschehen hinter der Bühne humorvoll parodiert.

Konzerte

Wiener Sängerknaben ➡ nördl. F12
Hofmusikkapelle in der Hofburg
✆ (01) 533 99 27
Haus für Musik und Theater
Augartenpalais
✆ (01) 216 39 42, www.wsk.at
Die goldenen Kehlen der Sängerknaben ertönen an allen Sonntagen ab Mitte Sept. bis Ende Juni, zudem am Weihnachtstag in der Burgkapelle der Hofburg (Schweizerhof). Sie werden von Musikern der Staatsoper begleitet. Auch in ihrem neuen Haus gibt es regelmäßige Konzerte. Rund 100 Knaben verteilen sich auf vier Chöre.

Weltberühmt: die Wiener Sängerknaben

Kinos

Einen Überblick über das tägliche Kinoprogramm bieten www.film.at und www.skip.at. Montag ist in Wien der günstigste Kinotag.

Bellaria-Kino ➡ J9
7., Museumstr. 3
✆ (01) 523 75 91, www.film.at/bellaria_kino
Täglich, meist um 15.45 Uhr, werden Filmklassiker des

Jüngste Botschafter Österreichs

Wiener Sängerknaben

Wien

Zwei Dutzend Jungen, alle zwischen zehn und 14 Jahre alt, stehen in dunkelblauen Matrosenanzügen auf der Bühne, singen weltliche und geistliche Lieder und lassen ihre glockenreinen Sopran- und Altstimmen erklingen.

Die Wiener Sängerknaben vor dem Theseustempel im Volksgarten Wien.

Ein Konzert der Wiener Sängerknaben ist etwas ganz Besonderes, handelt es sich bei ihnen doch um einen der besten und renommiertesten Knabenchöre der Welt. Und um einen der ältesten: 1498 ließ Kaiser Maximilian I. den Chor zur Unterstützung der Wiener Hofmusikkapelle gründen. Ziel war es, den Gottesdiensten in der Hofburg mehr musikalischen Glanz zu verleihen. Bis 1918 traten die »Hofcapell-Singknaben« dann auch nur in der kaiserlichen Residenz auf – während der Messe sowie bei Festen und Staatsakten.

Heute ist der weltberühmte Chor, der seit 1924 als Verein betrieben wird, aus dem internationalen Musikleben nicht mehr wegzudenken. Namhafte Dirigenten wie Herbert von Karajan, Nikolaus Harnoncourt und Kent Nagano haben mit ihm zusammengearbeitet. In Wien treten die Sängerknaben regelmäßig in der Hofburgkapelle, in der Staatsoper und im Goldenen Saal des Musikvereins auf, zusätzlich gehen sie mehrmals im Jahr auf große Auslandstournee. Vor allem in Japan und in den USA erfreuen sie sich besonderer Beliebtheit und werden auch gern als die »jüngsten Botschafter Österreichs« bezeichnet.

Wer ein Wiener Sängerknabe werden will, besucht am besten bereits den Kindergarten des Vereins und wechselt danach an die hauseigene Volksschule. Während ihrer aktiven Zeit leben die Jungen dann in einem Internat im barocken Palais Augarten. Insgesamt gibt es zu jedem Zeitpunkt 96 aktive Sänger, aufgeteilt in vier Einzelchöre à 24 Mitglieder. Und wer seinen 15. Geburtstag feiert, muss auch nicht sofort aufhören zu singen. Er kann dem Chorus Juventus und später dem Chorus Viennensis beitreten. Letzterer ist ein Männerchor, der ausschließlich aus ehemaligen Sängerknaben besteht und oft zusammen mit dem aktuellen Knabenchor auftritt.

Info: In Wien-Leopoldstadt, im 2. Bezirk gelegen. **Info Wiener Sängerknaben:** Augartenpalais, Castellezgasse 23–25, 1020 Wien, Tel. (01) 216 39 42, www.wsk.at.

20. Jh. gezeigt. Abends gibt es einen aktuellen Film, meist als Originalversion mit Untertiteln.

Kinosaal Filmcasino

Filmcasino ➡ M10
5., Margaretenstr. 78
✆ (01) 587 90 62, www.filmcasino.at
Ein 1950er-Jahre-Bau, wie Kinos früher waren. Vor allem US-Filme, Retrospektiven, besondere Veranstaltungen. Vormittagsfilm mit kostenloser Kinderbetreuung, am Nachmittag Kino und Kuchen. Sonntags Publikumsgespräch.

Filmmuseum ➡ J11
1., Augustinerstr. 1 (Albertina)
✆ (01) 533 70 54, www.filmmuseum.at
Hochkarätiges Programmkino der internationalen Filmgeschichte.

Künstlerhauskino ➡ J12
1., Akademiestr. 13
✆ (01) 71 26 276, www.stadtkinowien.at
Programmkino, Avantgarde- und Experimentalfilme

Metro-Kino ➡ J12
1., Johannesgasse 4
✆ (01) 512 18 03, www.filmarchiv.at
Einer der schönsten Lichtspielpaläste Wiens wird betrieben vom Filmarchiv Austria. Hier laufen vor allem thematische Filmreihen.

Abends ist schon mal viel los vorm Metro-Kino

Das Votiv-Kino in der Währingerstrasse

Votiv-Kino ➡ F10
9., Währingerstr. 12
✆ (01) 317 35 71, www.votivkino.at
Tram 37, 40, 41: Schwarzspanierstraße
Besucherstärkstes Programmkino. Alle Filme in Originalversion mit deutschen Untertiteln. Babykino mit gedämpfter Lautstärke und sonntags Filmfrühstück.

Tickets

Telefonischer Vorverkauf
✆ (01) 513 15 13
Für Bundestheater (Staatsoper, Volksoper, Burg- und Akademietheater), mit Scheck- oder Kreditkarte.

Bundestheaterverband
1., Goethegasse 1
✆ (01) 51 44 40
Computerkartenverkauf des WVS (Wiener Veranstaltungsservice) in den mit WVS gekennzeichneten Theatern und Banken (Zuschlag ca. 20 %).

Karten für die anderen rund 50 Theater – vom klassischen Konzert bis zum Musical und zur Operette – gibt es an der Kasse oder bei:

Vienna Ticket ➡ J9
Franz Jirsa GmbH
Lerchenfelderstr.12
✆ (01) 40 06 00, www.viennaticket.at
Mo–Fr 9.30–17.30, Juli/Aug. 10–13 Uhr

Weitere Agenturen für alle Opern- und Theatervorstellungen:
www.wien-ticket.at/de
www.oeticket.com
www.culturall.com

Die besten Chancen, noch kurzfristig für »ausverkaufte« Veranstaltungen Karten zu erhalten, bieten die großen Hotels mit ihren Kartenkontingenten, die dafür allerdings kräftige Aufschläge kassieren. Die Spielpläne hängen an Litfasssäulen aus, sind der Tagespresse, dem Stadtmagazin »Falter« sowie dem Programm von Wien-Tourismus zu entnehmen. ■

Shopping
Kunst, Design, Delikatessen, Mode, Märkte

Es ist eine Lust, in Wien zu shoppen, zumal alles nah beieinander liegt und die Ausstattung und Ausstaffierung vieler Geschäfte oft eine Augenweide ist. Viele Geschäfte sind montags bis freitags von 9/10 bis 18/19 und am Samstag von 10 bis 17 Uhr geöffnet.

Das Angebot ist beträchtlich, vor allem bei Produkten mit lokaler Tradition. Nirgendwo in der Welt bekommt man und vor allem frau bessere Trachtenmode. Auch die Handwerks- und Kunsthandwerksarbeiten, oft tatsächlich noch vollständig von Hand hergestellt, sind ihren Preis wert. Ob handgefertigte Lederschuhe, ausgefallene Möbel, Schmuck oder Sportartikel – die Auswahl ist enorm, die Qualität solide. Besonders beliebt sind kulinarische Souvenirs aus Österreich, etwa Käse aus dem Burgenland, Schnaps aus der Steiermark oder Weine aus dem nördlichen Anbaugebiet von Wien.

Die bedeutenden Einkaufsreviere liegen alle in der Innenstadt, am Graben, in der Kärntner Straße oder am Kohlmarkt, aber auch in der in den letzten Jahren umgebauten und angenehm fußläufigen Mariahilfer Straße. In den vielen kleinen Gassen haben sich teilweise winzige Geschäfte mit interessanten Angeboten eingenistet.

Edel-Shopper sollten auf keinen Fall die Kaufhäuser auslassen, gerade hier, etwa in der Kärntner Straße,

Mehr Platz als Straße: Vom »Graben« zweigen historische Gassen ab

Hochwertiges Kristall gibt es bei J & L Lobmeyr

gibt es ausgefallene Kleidung und anderes. Noch beliebter sind die kleinen, mitunter exklusiven Einzelhandelsläden – ein Ausflug in die gute alte Zeit, als der Kunde noch König oder zumindest Hofrat war.

Kunst, Design und Souvenirs

J & L Lobmeyr ➡ J11
1., Kärntner Str. 26
✆ (01) 512 05 08 88, www.lobmeyr.at
Mo–Fr 10–19, Sa 10–18 Uhr
Das von Adolf Loos entworfene Service wird immer noch hergestellt. Glaswaren aller Art. Die Lüster schmücken europäische und arabische Paläste, New Yorks Metropolitan Opera und den Moskauer Kreml.

Volta Shop ➡ J9
6., Siebensterngasse 28
✆ (06 50) 971 11 59, http://thevoltashop.com
Mo–Fr 10–18.30, Sa 10–18 Uhr
Ein Concept Store für »außergewöhnliche Geschenke und schwer zu findende Designobjekte«, gegründet und arrangiert von einer ehemaligen PR-Designerin. Lampen österreichischer Designer, Keramik aus Dänemark, Taschen aus Berlin. Nur Minimalistisches ist zugelassen.

Schneekugeln soweit das Auge reicht

Wiener Schneekugel Manufaktur ➡ nördl. F9
17., Schumanngasse 87
✆ (01) 486 43 41, www.schneekugel.at
Mo–Do 9–15 Uhr
Die Schumanngasse weit weg vom Zentrum in Hernals ist keine Augenweide, aber hinter der Nummer 87 verbirgt sich eine Zauberwelt. In der ältesten Manufaktur für Schneekugeln, im Jahr 1900 von Erwin Perzy I. gegründet, ist immer Winter und es schneit. Rund 150 Motive gibt es, bis nach Australien wird geliefert. Bill Clinton orderte eine Sonderanfertigung.

Zur schwäbischen Jungfrau ➡ H11
1., Graben 26
✆ (01) 535 53 56, www.schwaebische-jungfrau.at
Mo–Sa 10–17 Uhr
Als sei man im Boudoir von Sisi. Handtuchbreiter Laden auf drei Etagen, bis zur Decke gefüllt mit Seidenstoffen,

Rüschen und feinem Leintuch. Tisch- und Bettwäsche aus eigener Schneiderei.

Erlesene Schreibwaren

Huber & Lerner ➡ L12
1., Weihburggasse 4
✆ (01) 533 50 75, www.huber-lerner.at
Mo–Fr 10–18, Sa 10–14 Uhr
Hier lassen Könige, Politiker und andere wichtige Zeitgenossen ihre Visitenkarten drucken und decken sich mit Briefpapier und erlesenen Schreibutensilien ein.

Delikatessen

Julius Meinl am Graben ➡ H11
1., Graben 19
✆ (01) 532 33 34
Mo–Fr 8–19.30, Sa 9–18 Uhr
Weinbar: ✆ (01) 532 33 34-61 00
www.meinlamgraben.at
Mitten im Herzen Wiens befindet sich Julius Meinl am Graben, kulinarisches Gesamtkunstwerk und Österreichs erste Adresse für Gourmets und Genießer. Ob Straußeneier oder weiße Trüffel – auf drei Etagen gibt es alle Köstlichkeiten und Gewürze dieser Erde. In der hauseigenen Weinbar wird Mo–Fr zwischen 11.30 und 14.30 Uhr ein mehrgängiges Mittagsmenü für € 9,90 serviert. In der Abteilung Fisch & Meeresfrüchte fin-

Gourmets und Genießer werden hier fündig: Julius Meinl am Graben

Die Welt der Delikatessen

Julius Meinl am Graben

Wien

Bei Meinl nimmt man den Mund ganz schön voll. Es gäbe »fast keine hervorragende Delikatesse, die wir nicht führen«, heißt es. Rund 17 000 aus 100 Ländern sollen es sein, davon allein 400 Käsesorten aus 15 Ländern, eine Vielzahl an Schinken und Würsten, Kaviar und Trüffel, feinste Schokoladen und die besten Weine aus der ganzen Welt.

Frischetheke für den kleinen Hunger beim Feinkost-experten Julius Meinl am Graben.

Seit 1862 existiert die Marke Julius Meinl, sie steht für Traditionsbewusstsein und gediegene Qualität bei gleichzeitig ständiger Innovation. Das zeigt sich etwa bei der größten Auswahl der Stadt an hochwertigen Kaffeesorten und -mischungen. Dazu gehören die althergebrachte Wiener Hausmischung ebenso wie die derzeit angesagten sortenreinen Plantagenkaffees. Oder beim Tee: Das nach Michiko Tanaka, der Ehefrau von Julius Meinl II, benannte Haussortiment umfasst exzellenten Grün- und Schwarztee ebenso wie hochwertige Früchte- und Kräutertees. Das Süßwarenangebot in den Abteilungen mit Namen wie »Schokolade«, »Bonbons & Kekse« und »Marmeladen & Gelees« reicht von Dinkelkeksen aus Tirol bis zu Schokolade mit 100-prozentigem Kakaoanteil aus Lateinamerika, vom spanischen Quittenkäse bis zum australischen Honig.

Sogenannte Genussexperten sind ständig in der ganzen Welt unterwegs und bringen die auserlesensten Delikatessen an den Graben mitten im Herzen Wiens. Highland-Beef aus biologischer Landwirtschaft, getrüffelter Käse aus dem Piemont, Steinbutt aus dem Atlantik, Brot aus dem Steinofen. Neben Altbewährtem, das viele Kunden anzieht, sind es die Neuheiten in jeder Woche, die den Besuch interessant machen. Bemerkenswert auch, dass die gut geschulten Mitarbeiter sehr freundlich sind, und das in der Stadt des berühmt-berüchtigten Wiener Schmähs.

Über drei Etagen erstreckt sich das kulinarische Gesamtkunstwerk. Integriert sind ein Kaffeehaus und ein Restaurant im ersten Stock mit guter Aussicht auf Graben und Kohlmarkt. Küchenchef Alexander David, 2007 als Newcomer des Jahres ausgezeichnet und langjähriger Weggefährte seines Vorgängers Joachim Gradwohl, gilt in seiner Branche als besonders kreativ. Wer es leichter und günstiger haben will, kehrt bei »Meinl To Go« ein und nimmt sich Sushi oder einen Tafelspitz mit.

Info: In der Innenstadt, im 1. Bezirk gelegen. **Info Julius Meinl am Graben:** Graben 19, 1010 Wien, Tel. (01) 532 33 34, www.meinlamgraben.at, Öffnungszeiten Geschäft, Café & »Meinl To Go« Mo–Fr 8–19.30, Sa 9–18 Uhr, Restaurant Mo–Fr 8–24, Sa 9–24 Uhr. Reservierung empfohlen, Tel. (01) 532 33 34 60 00, Preise auf Anfrage.

det sich die Meinl-Sushibar, Meinls Café am Kohlmarkt bietet in bester Wiener Tradition 35 verschiedene Kaffee-Varianten vom Einspänner bis zum Kapuziner.

Kulinarischer Dauerbrenner in Wiens Kaffeehäusern: die Sachertorte

Confiserie und Patisserie:

Altmann & Kühne ➡ H11
1., Graben 30
✆ (01) 533 09 27, www.altmann-kuehne.at
Mo–Fr 9–18.30, Sa 10–17 Uhr
Nur hier gibt es die von Franz Joseph geschätzten, nach alten Rezepten angefertigten Bonbons.

Die Zuckerlwerkstatt ➡ H11
1., Herrengasse 6–8
✆ (01) 890 90 56, www.zuckerlwerkstatt.at
Tägl. außer So 10–18 Uhr
In der Manufaktur im ersten Bezirk werden in Handarbeit kreative Süßigkeiten nach alten Traditionsrezepten hergestellt. In der Schauküche können Besucher den Zuckerbäckern über die Schulter schauen. Man kann sich hier auch individuelle Bonbons, z. B. mit eigenem Logo, herstellen lassen.

Gerstner Shop ➡ J11
1., Kärntner Str. 51, Palais Todesco
✆ (01) 1 526 13 61, www.gerstner-konditorei.at
Erdgeschoss und 1. Stock tägl. 10–23 Uhr
Der Shop bietet Köstlichkeiten aus der Gerstner Schokoladenmanufaktur und Prickelndes aus der Schlum-

Anton Gerstner war einst Hoflieferant der Habsburger Monarchen

Auch gut zum Shoppen: Café Demel am Kohlmarkt

berger Sektkellerei. Im ersten Stock können die Besucher die Produkte in angenehmer Wohnzimmeratmosphäre ausprobieren.

Staud's Wien ➡ H1
16., Brunnenmarkt, Brunnengasse
✆ (01) 406 88 050, www.stauds.com
Di–Do 8.30–12.30 und 15–18, Sa 8–13 Uhr
Das Traditionsunternehmen exportiert Edelmarmeladen, feine Konfitüren, Sirups und Eingelegtes in die halbe Welt. Aber hier, im kleinen Laden am Brunnenmarkt, hat alles angefangen.

K. u. K. Hofzuckerbäckerei Demel ➡ H11
1., Kohlmarkt 14
✆ (01) 53 51 71 70, www.demel.at
Tägl. 9–19 Uhr
Verführerische Auswahl an Zuckerwerk bester Qualität, seit über 200 Jahren sorgfältig von Hand gegossen, gefüllt und geformt.

Manner-Shop ➡ H12
1., Stephansplatz 7
✆ (01) 15 13 70 18, www.manner.at
So–Fr 10–21, Sa 9.30–20.30 Uhr
80 m² großer Shop neben dem Stephansdom mit allen süßen Köstlichkeiten, wie Neapolitaner Schnitten, von Kaiser Franz Joseph höchst persönlich kreiert, Mozartkugeln und Ildefonso-Nougatwürfeln. Manner ist die einzige Marke, die den »Steffl« auf ihren Packungen abbilden darf.

Xocolat ➡ H10/11
1., Freyung 2, im Palais Ferstel
✆ (01) 535 43 63, www.xocolat.at
Mo–Fr 10–18.30, Sa 10–18, So/Fei 12–17 Uhr
Österreichs erste Adresse für Spezialitäten rund um die Kakaobohne. Sie wird benötigt, um einen guten Schokoladensud anzusetzen. Weitere erstklassige Zutaten sind Kardamon, Pfeffer, Chili und Muskat, Orangen-, Rosen- und Lavendelöl. Inhaberin Ramona Wahr spricht von »sekundenlangen Geschmacksexplosionen auf der Zunge« und von einem Genuss, »ähnlich wie bei einem guten Wein«. Die Produkte haben ihren Preis,

Erste Adresse für Schokoladenfans: Xocolat

aber man geht ja auch nicht jeden Tag hierher. 120 Schokoladensorten, Pralinenpyramiden, ausgefallene eigene Kreationen.

Kaffee und Tee:

Joh. Schönbichler ➡ H12
1., Wollzeile 4
✆ (01) 512 18 68, www.schoenbichler.at
Mo–Fr 9–18.30, Sa 9–17 Uhr
Stilvoll restauriertes Delikatessengeschäft mit über 100 Teesorten und edlen Bränden.

Kaffeerösterei Alt Wien ➡ K10
6., Schleifmühlgasse 23
✆ (01) 505 08 00, www.altwien.at
Mo–Fr 10–18, Sa 10–16 Uhr
Röstkunst nach alten Regeln – im Nostalgiegeschäft am Naschmarkt werden nur Bohnen aus den besten Anbaugebieten der Welt verarbeitet.

Essig und Wein:

Essig-Brauerei Gegenbauer ➡ aC3 und ➡ K/L 10
10., Waldgasse 3, Mo–Do 8–17, Fr 8–12 Uhr
Naschmarkt, Stand 110, Fr 10–18, Sa 8–17 Uhr
✆ (01) 604 10 88
www.gegenbauer.at
Das gibt's nur einmal. Die Firma Gegenbauer, einst als Sauerkraut-Manufaktur gegründet, stellt einige der wohl besten Essige der Welt her, bescheinigen Experten. Für Erwin Gegenbauer sind Essige nicht der Rest

Eine große Auswahl an Essigen findet man in der Essig-Brauerei Gegenbauer

von Wein, aber auch keine langweiligen Balsamicos, sondern vielfältige und hocharomatische Essenzen.

Täglicher Bedarf:

Bottelini ➡ M9
5., Pilgramgasse 16
✆ (01) 961 01 04, www.bottelini.com
Mo–Fr 10–20, Sa 10–18 Uhr
Morgenmuffelpillen mit Pfefferminz, wo gib es das sonst noch! Trend-Drinks aus aller Welt, allerlei Snacks, süß oder salzig, Eis u.a.

feinkoch ➡ K10
4., Theobaldgasse 14
✆ (06 68) 84 64 937, www.feinkoch.org
Mo–Fr 11–20, Sa 10–20 Uhr
Zutaten für diverse Gerichte werden abgewogen und gut verpackt, dazu eine beigelegte Karte mit Rezept und Kochanleitung.

Mode und Accessoires

Bahnhof City West ➡ L6/7
15., Europaplatz
www.bahnhofcitywienwest.at
Mo–Fr 9–21, Sa 9–18 Uhr
Der denkmalgeschützte Bau wurde generalsaniert und zur Bahnhof City vergrößert. Auf drei Etagen mit 17 000 m² Verkaufsfläche haben sich im Wiener Westbahnhof Marken und Gastronomie etabliert.

Celestine ➡ H8
8., Josefstädter Str. 46
✆ (06 99) 15 05 07 56
Di–Fr 11–18.30, Sa 11–14 Uhr
Ausgefallene Secondhandmode und Topmarken wie Armani, Dolce & Gabbani, Hermès und Chanel zu Schnäppchenpreisen.

Combinat ➡ H11
7., Museumsplatz 1, Quartier 21, Eingang Burggasse
✆ (01) 236 05 96, www.combinat.at
Di–Sa 12–19 Uhr
In diesem Showroom stellen nur junge Designer aus Österreich ihre Mode aus. Die Kollektionen sind außergewöhnlich vielfältig.

EMIS ➡ H11
Wildpretmarkt 7, Tuchlauben 18
✆ (01) 535 28 19, www..emis.at
Mo–Fr 10.30–18.30, Sa 10–18 Uhr
Eine Modegalerie. Avantgarde vom Feinsten auf 400 Quadratmetern, wobei Designer-Kollektionen räumlich getrennt sind. Alle großen Marken sind vertreten, und stets ist die gesamte Kollektion vorhanden.

Flo Vintage ➡ L10
4., Schleifmühlgasse 15 A
✆ (01) 586 07 73, www.flovintage.com
Mo–Fr 10–18.30, Sa 10–15.30 Uhr
Secondhandkleidung, aber auf höchstem Niveau:

Verkaufsraum im Combinat

elegante Hüte, Kostüme, historische Cocktailkleider, Festroben sowie Raritäten aus den 1960er und 1970er Jahren.

Gebrüder Stitch ➡ K8
6., Mariahilfer Str. 101
✆ (0680) 144 93 85, www.gebruederstitch.at
Di–Fr 12–18 Uhr
Alles Öko. Organic-Jeans werden maßgeschneidert angeboten. Denimstoffe mit allerlei Waschungen, Siebdrucken, Aufnähern, Garnen. Jedem wie gewünscht. Fürs Maßnehmen ist ein Termin erforderlich.

Hemden Herzog Gino Venturini ➡ J11
1., Spiegelgasse 9
✆ (01) 512 88 45, www.venturini.at
Mo–Fr 10–18, Sa 10–17 Uhr
Wiens bester Maßhemdenspezialist. Das Maßnehmen dauert 20 Minuten, die Fertigung ca. zwei Wochen, die Hemden werden auch verschickt.

Lena Hoschek ➡ H11
12., Goldschmiedgasse 7 A
✆ (01) 50 309 400, www.lenahoschek.com
Mo–Do 9–18, Fr 9–16 Uhr
Die Westwood-Schülerin entwirft Retro-Mode. Beste Materialien, historische Verarbeitungstechniken und Liebe zum Detail prägen die langlebigen Kleidungsstücke.

Nachbarin ➡ K10
6., Gumpendorfer Str. 17

Alles für die Frau bietet Nachbarin

✆ (01) 587 21 69, www.nachbarin.co.at
Mo–Fr 11–18.30, Sa 11–16 Uhr
Verspielte Shirts, aparte Taschen und außergewöhnlicher Schmuck.

Im Haupthof des MuseumsQuartiers lässt sich die Sonne genießen

Shops im MuseumsQuartier ➡ J/K9/10
7., Museumsplatz 1
✆ (01) 523 58 81, www.mqw.at
Öffnungszeiten vgl. Museen
Im MuQua, einem der größten Kulturareale der Welt, haben sich der Shop der Lomographischen Gesellschaft (russische Fotokameras) und andere originelle Geschäfte angesiedelt. Im Sommer wird der Innenhof zum riesigen Szene-Hangout, im Winter stehen dort Punschstände im Iglu-Style.

Wiener Märkte

Im 19. Jahrhundert, der Blütezeit der Wiener Märkte, existierten über 30 dieser Handelsorte mitten in der Stadt. Am Kohlmarkt gab es Kohl (heute teure Uhren), am Fleischmarkt Fleisch, am Wildbretmarkt Federvieh und Wild. Im Zuge der Stadterweiterung wurden viele Märkte aus der Innenstadt in die äußeren Bezirke verlegt.

Brunnenmarkt in Ottakring ➡ H6
16., zwischen Thalia- und Ottakringer Straße, Nähe U-Bahnhof Josefstädter Straße
Mo–Fr 6–19.30, Sa 6–17 Uhr
Alle laufen zum Naschmarkt, dabei bietet der Multi-Kulti-Straßenmarkt etwas außerhalb der City das Gleiche wie sein berühmter Vetter – nur um ein Drittel billiger. Der »Schaukasten«, eine Mischung aus Minigalerie, Café, Designwürstelstand und Schanigarten auf dem Dach, ist zudem noch eine originelle Einrichtung. Gelobt werden vor allem die leckeren Marmeladen der Traditionsfirma Staud und andere Mitbringsel. Die Atmosphäre ist orientalisch angehaucht. Nicht nur Studenten und Künstler lieben es hier zu bummeln.

Flohmarkt ➡ K/L 10
4., Wienzeile
Sa 8–18 Uhr
Ideal zum stöbern: Der größte Trödelmarkt Österreichs.

Karmelitermarkt ➡ F12
1., Nähe Salztorbrücke
Mo–Fr 6–19.30, Sa 6–17 Uhr
Auf dem ältesten Markt Wiens geht es ruhig zu. Angeboten werden Gemüse, Obst und asiatische Spezialitäten. Das Lamm der türkischen »Fleischhauer« soll das beste der Stadt sein.

Naschmarkt ➡ K/L10
6., Wienzeile, Nähe U-Bahnhof Kettenbrückengasse
www.wienernaschmarkt.eu
Mo–Fr 9–18.30, Sa 8–18, Gastronomie tägl. außer So bis 23 Uhr
Der Naschmarkt, 1916 eröffnet, ist heute eine der beliebtesten Touristenattraktionen. Wohl sortiert und appetitlich werden an ca. 123 festen sowie 35 mobilen Ständen frisches Gemüse und exotische Früchte angeboten, dazu feinste Käse- und Wurstspezialitäten sowie allerlei Feines zum Naschen.

Am Wochenende verkaufen die Bauern aus der Umgebung Frisches vom Land. An kleinen Ständen werden hausgemachte Blunzen (Blutwurst), Geselchtes und Wein zur Verkostung angeboten, Forellen und Karpfen aus dem Burgenland, sowie Fleischstrudel. Viele Bioprodukte, Öle, Gewürze.

Bis 2015 wurde die Infrastruktur und die Oberfläche des über 100 Jahre alten Naschmarkts schrittweise saniert. Alle Wasser- und Stromleitungen sowie Kanalisation und Regenwasserabfluss sind komplett erneuert worden. Die Oberflächensanierung hat den Naschmarkt weitgehend barrierefrei gemacht.

Jeden Samstag kann man zwischen den U4-Stationen Karlsplatz und Kettenbrückengasse außerdem auf einem großen Flohmarkt stöbern, der von Osteuropäern und Türken dominiert wird. ■

Immer der Nase nach: Frisches vom Naschmarkt

»Was es am Naschmarkt nicht gibt, brauchen Sie nicht.«

NASCHMARKT

Wien

Morgens um drei beginnt das Rumpeln und Klappern. Die Betreiber richten ihre Stände ein, Waren werden antransportiert, es gibt Wortwechsel. Stündlich steigt der Lärmpegel, dazu trägt der Verkehr auf der stark frequentierten Wienzeile bei. Gegen sechs kommen die ersten Kunden, jährlich sind es Hunderttausende, die durch die Gänge zwischen den Standeln laufen. Ab acht klatschen die Händler in die Hände, um Kundschaft anzulocken. A Sackerl Kartoffeln oder Sauerkraut, orientalische Gewürze, Babygurken, feines Gemüse, Fisch und Fleisch, gut sortierte und appetitlich angerichtete Käse- und Wurstspezialitäten. Nirgendwo ist Österreichs Hauptstadt so international und exotisch. Am Wochenende kommen noch Bauern aus dem Umland und verkaufen Frisches vom Land. Hausgemachte Blunzen (Blutwurst), Geselchtes und Wein, Forellen, Karpfen, Fleischstrudel und Öle. Und so lautet das Motto: »Was es am Naschmarkt nicht gibt, brauchen Sie nicht.« Das alles vor der Kulisse der Linken Wienzeile mit den Jugendstil-Pompbauten Otto Wagners.

Schon im 18. Jahrhundert existierte hier ein Markt, anfangs wurden hier vor allem Milchprodukte angeboten. Daher stammt auch die frühere Bezeichnung Aschenmarkt, Asch wurden die Milchbehälter genannt. Als im 19. Jahrhundert exotische Delikatesen und Leckereien über Hand nahmen, wurde aus dem Aschen- ein Naschmarkt. Seit 1910 stehen die derzeit gut 120 Buden, viele mit Jugendstildächern, am Wienfluss nahe Karlsplatz und Oper. 2010 bis 2015 wurden die Infrastruktur und die Oberfläche des Marktes schrittweise bei laufendem Betrieb saniert.

Das Sagen hat hier der Naschmarkt-Adel, Standbesitzer, deren Vorfahren schon von Anfang an dabei waren. Am citynahen Ende des Markts, wo früher Fleischhauer blutige Arbeit verrichteten, gibt es heute Speiselokale und Espressobars.

Naschmarkt Wien: kulinarische und kulturelle Weltreise.

Der Ort war noch vor einigen Jahrzehnten Wiens größtes Rotlichtviertel, nun zählt er zu den wichtigsten Touristenattraktionen. Hier ist immer etwas los, nur nachts kehrt für wenige Stunden Ruhe ein. Bis der erste Jalousieladen hoch scheppert.

INFO: Zwischen Getreidemarkt und Kettenbrücke im 6. Bezirk gelegen. **INFO NASCHMARKT:** Wienzeile, 1040 Wien, www.wienernaschmarkt.eu, Öffnungszeiten Mo–Fr 9–18.30, Sa 8–18 Uhr, Restaurants bis 23 Uhr, Öffnungszeiten der Stände variieren.

Wiens Wahrzeichen: die berühmten »Wiener Speichen«, das Riesenrad im Prater

Mit Kindern in der Stadt
Action, Theater, Museen, Einkaufen, Baden

Viele der Wiener Sehenswürdigkeiten sind auch und gerade für Kinder attraktiv, so der **Prater** ➡ F–L 15–18 mit Riesenrad, das **Zeiss Planetarium** ➡ F15, die **Hofburg** ➡ H10/11 und **Schloss Schönbrunn** ➡ N–Q1–4 (vgl. Vista Points), wo eigene Kinderführungen angeboten werden, die abseits der Touristenstrecken durch die prunkvollen Gebäude führen und pädagogisch perfekt aufbereitet sind, sprich, Spaß machen. In der **Wagenburg in Schönbrunn** schlagen Mädchenherzen höher: Kultobjekte von Sisi, der legendären Kaiserin, werden hier präsentiert.

Die Marionetten im **Marionettentheater** ➡ N3 sind historische Raritäten. **cinemagic** ➡ K11 ist ein Kinder- und Jugendtheater, das vor allem am Wochenende, an Feiertagen und in Ferien Kinderfilme zeigt.

Action

Waldseilpark Kahlenberg ➡ aB3
19., Josefsdorf 47
© (01) 320 04 76, www.waldseilpark-kahlenberg.at
März Fr–So/Fei 10–18, April Mi–So/Fei 10–19, Mai Di–So/Fei 10–20, Juni–Aug. tägl. 9/10–20, Sept. Mo–Fr 10–19, Sa/So ab 9, Okt. Do–So 10–18 Uhr
Eintritt € 28/14–20, Familienkarte ab € 35, bis 13 J. Einlass nur in Begleitung

Klettergarten für alle Levels, außerdem Slackline und kostenloser Wichtelparcours.

Orang-Utan im Tiergarten Schönbrunn

Tiergarten Schönbrunn ➡ O1/2
Vgl. Vista Points, S. 112.
Einer der ältesten Zoos der Welt mit über 4500 Tieren und u. a. Regenwaldhaus, Aquarium, Insektarium, Rattenhaus, Naturerlebnispfad sowie ORANG.erie. Viele spezielle Kinderprogramme, vom Reiten bis zum Pferdeflüstern.

Zeiss Planetarium ➡ F15
Vgl. Vista Points, S. 112.

Theater für Kinder und Jugendliche

cinemagic ➡ G13
9., Uraniastr. 1
U1/4: Schwedenplatz
✆ (01) 400 08 34 00, www.cinemagic.at
Anspruchsvolles und vielfältiges Programm. Einmal im Jahr findet ein internationales Kinderfilmfestival statt.

Dschungel Wien
Vgl. Kultur und Unterhaltung, S. 154.

Lilarum ➡ K15
3., Göllnergasse 8, U3: Rochusgasse
✆ (01) 710 26 66, www.lilarum.at
Das Figurentheater für Kinder von drei bis acht Jahren ist besonders beliebt wegen seiner Komödien mit Hand- und Stabpuppen.

Im Lilarum wird auch Unterhaltung für die Kleinsten geboten

Szene aus »Papageno und Papagena« im Marionettentheater Schloss Schönbrunn

Marionettentheater Schloss Schönbrunn ➡ N3
13., Schloss Schönbrunn, Hofratstrakt, U4: Schönbrunn-Hietzing
✆ (01) 817 32 47
www.marionettentheater.at
Mit historischen Marionetten werden Mozarts Klassiker, aber auch »Hänsel und Gretel« aufgeführt.

Museen

Wagenburg in Schönbrunn/Sisi Pfad ➡ N2
13., Schloss Schönbrunn
U4: Schönbrunn-Hietzing
www.kaiserliche-wagenburg.at
Tägl. Mitte März–Nov. 9–17, Dez.10–16 Uhr
Eintritt € 9,50/8, bis 18 J. frei
Zu sehen sind Sisis Einzugswagen als kaiserliche Braut, der einzige erhaltene Sattel von ihr, ihre schwarze Prunkrobe oder die Schleppe ihres Brautkleids.

ZOOM Kindermuseum ➡ J/K 9/10
1., Museumsplatz 1, MuseumsQuartier, ✆ (01) 524 79 08
www.kindermuseum.at
Juli/Aug. Di–So 12.45–16, sonst Di–Fr 8.30–16, Sa/So 9.45–16 Uhr
Eintritt Ausstellung € 6, Kinder frei, Atelier Kind € 7, 1

Agrarspiel und Mitmach-Ausstellung für Kinder im ZOOM Kindermuseum

Erw. pro Kind frei, sonst € 6, Ozean Kinder € 5, 1 Erw. pro Kind frei, sonst € 6, Trickfilmstudio Kinder € 7, Begleitpersonen frei, Familien € 17
Kinder werden zu Forschern, mit allen Sinnen erkunden sie die Welt im Multimedialabor, Atelier und Ozean. Das Zoom hat verschiedene Erlebnisbereiche für Kinder von acht Monaten bis 14 Jahren mit festen Programmen und fixen Anfangszeiten.

Einkaufen mit Kindern

Herr und Frau Klein ➡ J8
7., Kirchengasse 7
✆ (01) 990 43 94, www.herrundfrauklein.com
Tägl. außer So 11–18 Uhr
Neben Klamotten für Babys und Kleinkinder gibt es auch Spielsachen, Roller und Fahrräder.

Herzilein – Wien ➡ K12
1., Wollzeile 17
✆ (06 76) 657 71 06, www.herzilein-wien.at
Mo–Fr 10–19, Sa 10–18 Uhr
Ausgefallene Mode und Accessoires aus Skandinavien, Frankreich und den Niederlanden.

Baden

Dianabad ➡ G12
2., Lilienbrunngasse 7–9
✆ (01) 219 81 81 10, www.dianabad.at
Tägl. 10–22, Mi/Do ab 13.30, So nur bis 20 Uhr
Eintritt vgl. Webseite
Das Kindererlebnisbad mitten in Wien, mit Piratenschiff, Reifenrutsche, Wasser-Spielgarten und Wellnessbereich.

Das Piratenschiff im Dianabad begeistert vor allem die kleinen Gäste

WINDABONA indoor Skydiving ➡ F14
Prater 38 A, U2 Messe-Prater
✆ (01) 720 02 12, www.windobona.at, tägl. 9–22 Uhr
10 Min. Flug € 225 für 2 Pers., ab 8 J.
Wie beim Fallschirmfliegen: In einer gläsernen Kammer wird bei Windgeschwindigkeiten von bis zu 280 km/h der freie Fall simuliert. Im Windkanal – 15 m Höhe, 4,3 m Durchmesser – schwebt man an den Zuschauern vorbei. ■

Erholung und Sport

Österreichs Hauptstadt ist grün und bietet über 850 Parkanlagen mit einer Gesamtfläche von 19 Quadratkilometern. Zu den schönsten Gartenanlagen gehört der 1974 geschaffene **Kurpark Oberlaa** mit seinen kunstvoll gestalteten Blumenrabatten am Südosthang des Laaerberges, der **Türkenschanzpark** ➡ aB3, der Park am **Praterstern** ➡ F15 und der **Stadtpark** ➡ J12/13 mit dem Johann-Strauss-Denkmal.

Der moderne Wiener, stets auf der Pirsch nach den neuesten Trends, setzt seit einiger Zeit auf sanft modernisiertes Stadtgrün: Lavendel, Gräser und Sichtachsen dominieren, hier und da darf die Natur unbeschnitten wuchern, wie sie will, selbst Totholz bleibt liegen, als Lebensraum für Insekten. Es werden sogar neue Parks eröffnet, so der **Yppen Park**, der **Leon Askin Park** und der **Wasserspielplatz Leberberg**. Zudem gibt es vier Generationenparks, an denen ältere und alte Menschen an »Spielgeräten« ihre Muskeln kräftigen. Zwei interessante Zukunftsprojekte sind auf dem Weg: die Wassererlebniswelt am Wienerberg und der Renaissancegarten im Schloss Neugebäude. Wunderbare Erholungsgebiete mitten in der Stadt und an deren Peripherie. Auch ihretwegen wurde Wien mehrfach von der jährlich durchgeführten Studie des internationalen Beratungsunternehmens Mercer zur Bewertung der Lebensqualität an 1. Stelle gesetzt (gemeinsam mit Vancouver, vor Zürich und Genf). Auf dem Prüfstand standen 221 Metropolen in aller Welt.

Alte Donau
Zwischen Floridsdorfer Brücke und Kagraner Brücke (Obere Alte Donau) sowie Kraterbrücke (Untere Alte Donau)

Natur- und Freizeitparadies Alte Donau

Vom Sündenpfuhl zum Naherholungsparadies

Freizeitparadies Alte Donau

Wien

Die Vereinten Nationen sind schuld, dass schon mancher Segler und manche Surferin ins Wasser plumpsten. Die Alte Donau ist als Revier für Segler und Surfer gut geeignet, allerdings können durch die umliegenden Hochhäuser, vor allem das alle überragende Gebäude, die UNO-City, manchmal tückische Winde auftreten.

Die Alte Donau liegt abgetrennt von der Donau und der Neuen Donau – einem Kanal – zwischen den Bezirken Floridsdorf und Donaustadt. Sie ist ein Altarm der Donau, heute aber mit dieser nicht mehr verbunden, sondern durch einen Damm getrennt.

Im frühen 18. Jahrhundert kam die Wiener Stadtplanung auf die Idee, die heutige Alte Donau im innerstädtischen Gebiet als Hauptarm des Donauflusses zu gestalten, um weniger stark von den Überschwemmungen betroffen zu sein. Nach 1875 wurde die Alte Donau nicht mehr gebraucht, im Zuge von Hochwasserschutzmaßnahmen war der Hauptarm des Flusses neu gegraben worden. Das Binnengewässer mit einer Fläche von 1,6 Quadratkilometern verlor seine ursprüngliche Funktion, man funktionierte es zum citynahen Freizeit- und Badeareal um. Das ist es heute noch.

Graureiher an der Alten Donau in Wien.

Mehrere Badeanstalten befinden sich dort, ihre Namen haben Bedeutung. Da gibt es Angelibad, Eisenbahnerbad, Arbeiterstrandbad und das Städtische Strandbad. Die anwachsende Arbeiterbewegung pochte damals auf Erholungsbedingungen, sie wurden gewährt. Am traditionsreichsten ist das Gänsehäufel-Strandbad, 1907 eröffnet. Zuvor hatte sich auf dem Eiland ein privater Betreiber ans Werk gemacht, doch dessen Badeinrichtung galt der Stadtregierung als Berndls Sündenpfuhl, dem sie das Strandbad der Commune Wien mit einem Frauen- und einem Herren-Bad entgegensetzte. Die Geschlechter fanden trotzdem zueinander. Das Gänsehäufel wurde komplett saniert und präsentiert sich heute als modernes Bad. Man kann ein Ruder-, oder ein Tretboot mieten, die Alte Donau abfahren und bei einigen Restaurants direkt am Steg anlegen.

Info: Die Alte Donau liegt in den Wiener Bezirken Floridsdorf und Donaustadt. **Info Freizeitparadies Die Schöne Alte Donau:** Fischerstrand, 1220 Wien, www.alte-donau.info.

U1: Alte Donau
www.alte-donau.info
Das beliebte Naherholungsgebiet am Altarm der Donau liegt nur sieben Stationen mit der U-Bahn vom Stephansplatz entfernt. Ein ruhiges Gewässer mit zahlreichen Angeboten: Man kann zu mehreren (2–8 Pers.) ein Insel-Boot (verankert), Sofa-, oder Sunbed-Boote mieten (€ 10–80, www.meine-insel.at) und auf dem Gewässer treiben lassen. Es gibt auch viele Ruder-, Elektro- und Tretboote und sogar eine Segelschule für mehr Action. In der warmen Jahreszeit haben mehrere Freibäder offen, das beliebteste ist das Gänsehäufel (Moissigasse 21, ✆ 01-269 90 16, www.gaensehaeufel.at) und drei Dutzend Lokale. Ein romantischer Ort, naturbelassen und direkt am Rand der Metropole.

Donauinsel ➡ C/D16/17, aA3–aD5
Von Langenzerdorf im Norden bis Loban im Süden
U1: Donauinsel, U6: Neue Donau, S1/2/3: Strandbäder, Bus 20B, 90A, 91A, 92A
Wiens größtes Freizeitareal wurde seit den 1970er Jahren nach der abgeschlossenen Donauregulierung systematisch entwickelt. Das Naherholungsgebiet umfasst rund 700 ha Wasser-, Wald und Wiesenfläche, die Länge der Insel beträgt 21,5 km. Im nördlichen Teil tummeln sich Segler und Surfer, der vom Wienerwald einfallende Wind ist hier am stärksten. Besucher können Fahrräder und Surfbretter leihen sowie Ruder-, Tret- und Elektroboote mieten. Motorboote sind nicht zugelassen. Es gibt ausreichend Badebuchten und Lokale.

Freizeitparadies Donauinsel: Radfahren, Grillen, Chillen, Laufen oder ein erster Sprung ins kühle Nass

Größte Open-Air-Party Europas

Donauinsel

Wien

Alljährlich im Juni wird es laut auf der Donauinsel. Dann findet das Donauinselfest statt, es soll die größte Open-Air-Party Europas sein. Mehr als 2000 Musiker aus aller Welt spielen auf, sämtliche Variationen von Rock bis Pop sind auf elf Bühnen zu hören, drei Millionen sind dann auf der Insel unterwegs. Und das alles bei freiem Eintritt!

In den 1970er Jahren kam es zur zweiten Donauregulierung (die erste war 1875 vorgenommen worden), um Überschwemmungen vorzubauen. Im Mittelteil der Insel ist der Hochwasserschutz in Form von Steinen und Rasengittern aus Beton zu sehen. Dabei entstand zwischen der Donau und der Entlastungsrinne Neue Donau das Naherholungsgebiet Donauinsel, nur 15 S-Bahn-Minuten vom Stephansplatz entfernt. Es besteht aus 700 Hektar Wasser-, Wald- und Wiesenflächen, davon sind 42 Kilometer als Badestrand ausgewiesen. Es gibt Fahrradvermietung, Surfschulen, Brettverleih, Segelboothafen und Tret-, Ruder- und Elektroboote im Verleih. In einem Wildwasserkanal lässt sich die effiziente Fortbewegung im Wasser trainieren. Außerdem finden sich mehrere Strandbäder, viele Restaurants und Cafeterias. Für Kinder wurden eigens Flachwasserbereiche zum Plantschen eingerichtet, für FKK-Fans intime Strandbuchten. Erlebnisorientierten Ausflüglern steht ein 800 Meter langer Wasserskilift zur Verfügung. Ein 1500 Meter langer Cyclodrom ist für Rad- und Rollstuhlrennwettbewerbe ausgewiesen, zwischendurch kann man sich an den Grillplätzen ein Feuer machen.

Ein Teil der Insel nennt sich UNO City, dort steht, alles überragend, Wiens zweithöchstes Hochhaus, die europäische Dependance der Vereinten Nationen in New York. Nahebei erhebt sich Wiens höchstes Turmgebäude, der

Die Donauinsel bei Nacht.

Donauturm (252 m). Die Aussichtsterrasse liegt in 150 Metern Höhe, in 160 und 170 Metern Höhe befinden sich ein Drehrestaurant und ein Kaffeehaus. Im angrenzenden Donaupark fährt eine Kleinbahn herum, die Donauparkbahn. Am Irissee, künstlich geschaffen, gibt es im Sommer kostenlose Livemusik und Kabarett auf der Bühne Donaupark vor bis zu 4000 Zuschauern. Gegenüber der Insel am Ufer der Neuen Donau nahe der Reichsbrücke eröffnete 2015 die Copa Cagrana, eine Flaniermeile mit schicken Restaurants, Cafés und einem neu angelegten Strand.

Info: Künstliche Insel entlang der Donau. **Info Donauinselfest:** Das Donauinselfest findet meist am letzten Juni-Wochenende statt, www.donauinselfest.at.

Schiffsanlegestelle Schwedenplatz

Der mittlere Teil ist vor allem für Kinder und Familien geeignet. Ihnen stehen präparierte Badebuchten mit seichtem Wasser zur Verfügung. Es gibt Plätze für Ballspiele, einen 800 m langen Wasserskilift, eine Wasserrutsche sowie eine Segel-, Kanu- und Tauchschule.

Der südliche Teil ist reserviert für FKK-Freunde. Für alle Besucher stehen Grillplätze zur Verfügung. Für Menschen mit Handicap gibt es speziell gestaltete Uferzonen, die eine Rollstuhlzufahrt bis ans Wasser erleichtern.

Donaukanal (Kleine Donau) ➡ F11–H15

Das ist das neue urbane Viertel Wiens. Der einst schiffbare Arm der um Wien herum mäandernden Donau – der als Hauptstrom im großen Bogen an der Stadt vorbeifließt – wird nach seiner Wiederentdeckung systematisch entwickelt. Im Volksmund heißt er »Kleine Donau«, offiziell Donaukanal. Mit dem Badeschiff fing es vor Jahren an, es folgte die Herrmann-Bar an der Mündung unterhalb der U-Bahn-Station Rossauer Lände, inzwischen mit aufgeschüttetem Sandstrand.

Es gibt Wege für Spaziergänger, Walker und Radfahrer und an den Treppenwegen einen Tel-Aviv-Beach, 2011 folgte der Arabian Beach. Seit Sommer 2010 ist am Franz-Josefs-Kai die **Schiffsanlegestelle Schwedenplatz**, entworfen von den Architekten fasch & fuchs, in Betrieb. Neben Hans Holleins bemerkenswertem **Media Tower** ist nun der futuristische **UNIQA Design Tower** des französischen Architekten und Pritzker-Preisträgers Jean Nouvel mit dem **Hotel Sofitel Vienna Stephansdom** ein weiterer Blickfang. Der 2004 eröffnete **UNIQA Tower** des Architekten Heinz Neumann korrespondiert optisch mit der gegenüberliegenden denkmalgeschützten Urania von 1910.

Badeschiff am Donaukanal mit Blick auf den UNIQA Design Tower

Die 15 Donaukanalbrücken werden spektakulär beleuchtet, an der Spittelau entstand eine Kletterwand, die Gastronomie hält nach guten Plätzen Ausschau und die Wiener Wassertaxis haben ein neues Revier.

Schiffsanlegestelle Schwedenplatz ➡ G12/13

Der Donaukanal, ein Seitenarm der Donau, ist für Wien wichtiger als der viel besungene Strom selbst. Eine beeindruckende Stahlkonstruktion führt über drei Ebenen vom Schwedenplatz hinunter zum Kaiufer. Der 127 m lange Terminal steht auf drei Stützen, ein Teil von ihm schwebt über dem Wasser. Neben einem Kaffeehaus und einem Restaurant sind auch Shops und Räumlichkeiten für Events vorhanden. Neben dem Schnellkatamaran **»Twin City Liner«**, der schon seit einigen Jahren Wien und Bratislava verbindet, legen nun auch kleinere Donau-Ausflugsschiffe an dem barrierefreien neuen Terminal an, der für 200 000 Passagiere jährlich ausgelegt ist. Wien hat hier eine maritime Note.

Vgl. auch Service, S. 212 f.

Badeschiff ➡ G12

1., Obere Donaustr. 97–99, zwischen Schwedenbrücke und Urania

✆ (06 64) 312 47 03, www.badeschiff.at

Pool tägl. 8–22, Bar tägl. ab 10, Biergarten Mo–Sa ab 16, So/Fei ab 12 Uhr, in der Nebensaison kürzer

Eintritt € 5/2,50 (bis 12 J.)

Das Badeschiff im Donaukanal ist ein fest installierter

Restaurant im Badeschiff

umgebauter Lastkahn mit einem knapp 33 m langen Schwimmbad, dessen Wasser beheizt wird. Im unteren Bereich gibt es das Restaurant Prost Mahlzeit: abends maritim geprägte Bistrokarte, mittags Salat-Bar am Hauptdeck – und den ganzen Tag über sommerliche Erfrischungen von der Open-Air-Bar am Sonnendeck.

Donaupark ➡ A/B17/18
22., zwischen Wagramer- und Donauturmstraße
U-Bahn Kaisermühlen/Vienna Int. Centre
1964 entstand der Park auf einer ehemaligen Mülldeponie im Rahmen der Internationalen Gartenschau. Inzwischen ist er mit 60,4 ha einer der größten Grünanlagen der Stadt. In den Baulichkeiten, in denen einst die Gärten der Nationen untergebracht waren, nutzen die Wiener heute Sport- und Spieleinrichtungen. Mit der Donauparkbahn kann man eine Rundfahrt durch den Park machen. Zu den größten Attraktionen des Donauparks zählen der **Irissee**, das **Rosarium** mit 35 000 Rosen die **Papstwiese** und der **Donauturm**.

Donauturm ➡ aB4
22., Donauturmstr. 4
✆ (01) 263 35 72, www.donauturm.at
Tägl. 10–24 Uhr, Aufzug, € 14,50/9,90 (6–14 J.)
Der 252 m hohe Turm bietet weite Blicke über Wien

Donaupark mit Blick auf den 252 m hohen Donauturm

Otto Wagners Wien

Kein anderer Architekt und Stadtplaner hat Wien so nachhaltig geprägt wie Otto Wagner (1841–1918), der Urvater der Neuen Sachlichkeit. Er wollte der Stadt ein modernes Flair geben, mit der von ihm 1895–1901 erbauten Stadtbahn hat er den öffentlichen Nahverkehr effizienter gemacht. Die Bauten, vor allem Bahnhöfe, sind noch weitgehend im Originalzustand erhalten, Teile der Trassenführung wurden in das moderne U- und S-Bahn-Netz integriert. Seine frühen Bauten im Stil des Historismus sind teilweise noch vorhanden, viel aufregender aber ist seine sezessionistische Phase, in der er zunächst mit flächigen Ornamenten arbeitete, wie am **Majolika-Haus** am Naschmarkt (1898) und dem Gebäude am Karlsplatz, bis er sich mehr und mehr den Formen reiner Funktionalität annäherte. Davon zeugt Wagners Wiener **Postsparkasse** (1906). Interessant sind auch seine Innengestaltungen der Bauten. Über www.ottowagner.com sind Pläne, historische Fotos, Dokumente und Zeitungsberichte über diesen außergewöhnlichen Baumeister einzusehen.

Die Postsparkasse von Otto Wagner am Georg-Coch-Platz

von Aussichtsterrassen in 150 und 155 m, einem Café (tägl. 11.30–15 und 18–24 Uhr) in 160 m und einem Drehrestaurant (tägl. 10–24 Uhr) in 170 m Höhe.

Fahrradfahren

Die moderne Stadtentwicklung macht es möglich, Naturschönheiten und kulturelle Errungenschaften mit dem Rad zu erkunden. An 60 verkehrsgünstig gelegenen Stationen gibt es Citybikes, die mit Kreditkarte entliehen werden – die erste Stunde ist kostenlos. Auf geführten Radtouren erklären Guides die Geschichte und Sehenswürdigkeiten der Stadt, teilweise führen die Routen auch zur Alten und Neuen Donau (www.bikeandguide.com, vgl. auch S. 212). Auch mit Segways (www.segwayrentalvienna.com)lässt sich Wien entdecken, für Anfänger eignet sich eine Runde im Prater, ein Verleih befindet sich am Praterstern (www.segway.wien).

Der Wienerwald, die grüne Lunge der Hauptstadt, ist von 46 Mountainbike-Routen durchzogen.

Von der Donau aus lässt sich Wien ganz entspannt erleben

Wien vom Wasser aus

Eine Schifffahrt auf der Donau ist die entspannteste Form, Wien und sein Umland zu betrachten. Vgl. S. 211 f.

Bäder & Gesundheit

Amalienbad ➡ südl. aD3
Reumannplatz 23
U1: Reumannplatz
✆ (01) 607 47 47, www.wien.gv.at Mo 12.30–15 (nur Senioren), Di 9–18, Mi, Fr 9–21.30, Do 7–21.30, Sa 7–20,

Die altehrwürdigen Schwimmhalle des Amalienbads

So 7–18 Uhr, Eintritt Bad € 5,90, Kurzzeitkarte (2,5 Std.) € 4,40, Sauna € 15,40
Wiens schönstes Badehaus. Es wurde 1926 eröffnet und galt damals als eines der größten europäischen Bäder. Neben der altehrwürdigen Schwimmhalle bietet das Bad eine große Sauna.

St. Charles Alimentary ➡ K10
6., Gumpendorfer Str. 30
✆ (06 76) 586 13 63, www.saint.info
Nach telefonischer Vereinbarung
Das Gesundheitszentrum ist eine Tochter der gegenüberliegenden St. Charles Apotheke und bietet Behandlungen der Traditionellen Chinesischen Medizin, aus dem Yoga und übrigen Gesundheitsbereich.

Therme Wien ➡ aD4
10., Kurbadstr. 14
U 1 Reumannplatz, weiter mit Tram 67
✆ (01) 680 09 96 00, www.thermewien.at
Mo–Sa 9–22, So/Fei 8–22 Uhr, Tageskarte € 27,40/17,50 (3–13 J.), 3 Std. € 20/14, Sauna plus € 8
Neu, groß und familienfreundlich. Ein Spielpark mit Wasserspritzfiguren und Rutsche, Thermal-Innen- und -Außenbecken, Whirlpools, Kneipp-Rondell und Sauna. ■

In der Therme Wien kann man problemlos den ganzen Tag verbringen

Daten zur Stadtgeschichte

5. Jh. v. Chr.	Keltische Stämme siedeln im Bereich des heutigen Wien.
15 v. Chr.	Die Römer erobern das Wiener Becken und legen ein Reiterlager an.
100 n. Chr.	Errichtung eines römischen Militärlagers Castrum mit der angeschlossenen Zivilstadt Vindobona.
213	Die Zivilstadt Vindobona wird Municipium.
395	Vindobona wird durch einen Großbrand zerstört. Es folgen die »dunklen« Jahre.
791	Karl der Große errichtet die Ostmark.
976	Die Babenberger werden Markgrafen der ottonischen Ostmark (ab 996 Ostarrichi).
996	Erste Erwähnung von Ostarrichi in einem kaiserlichen Dokument. Die Entstehung der österreichischen Nation ist in vollem Gange.
11. Jh.	Wien hat sich zu einem wichtigen Handelsort entwickelt.
1130	Der Babenberger Markgraf Leopold III. erlangt die Herrschaft über Wien. Sein Erbe, Heinrich II., verlegt seine Residenz nach Wien.
1137	Wien wird erstmals in einer Chronik als Stadt aufgeführt, der Bau des Stephansdoms beginnt.
1156	Abtrennung von Bayern und Erhebung zum selbstständigen Herzogtum.
1221	Wien erhält von Leopold VI. das Stadt- und Stapelrecht.
1246	Nachdem der letzte Babenberger im Kampf gegen die Ungarn fällt, wird Böhmens König Ottokar II. Herr über Wien.
1278	Bei der Schlacht auf dem Marchfeld unterliegt der böhmische König Ottokar II. dem deutschen König Rudolf I. von Habsburg. Von nun an währt die alemannisch geprägte Habsburger Herrschaft 640 Jahre.
1477	Mit der Heirat Maximilians I. mit Maria von Burgund setzt die Heiratspolitik der Habsburger ein, die in den folgenden Jahrhunderten konsequent fortgesetzt wird.
1498	Die Vereinigung der Kapellenknaben lebt

Familie des Kaisers Maximilian I. (nach 1515, Gemälde von Bernhard Strigel, Kunsthistorisches Museum, Wien)

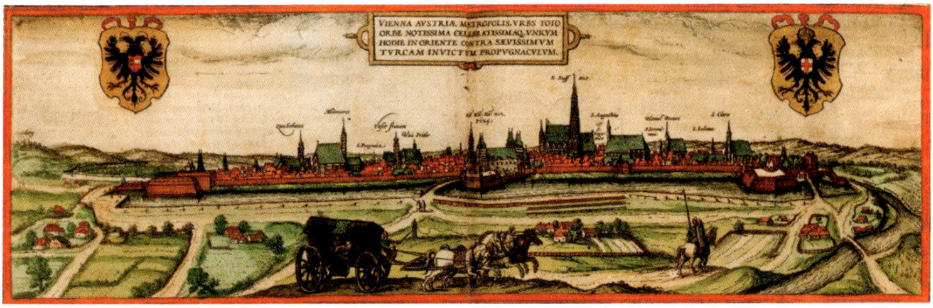

Ansicht von Wien auf einem Kupferstich von Georg Braun und Frans Hogenberg (Köln, 1572)

auf, der Vorläufer der Wiener Sängerknaben.

1522 Martin Siebenbürger verliert als dritter Bürgermeister sein Leben beim Widerstand gegen die Habsburger Monarchen.

1526 Die Habsburger erben Ungarn und Böhmen und steigen in beiden Ländern auf den Thron. Wien wird Mittelpunkt des größten europäischen Reichs und bleibt es bis 1918.

1529 Die erste Belagerung durch die Türken wird abgewehrt.

1551 Ferdinand I. holt Jesuiten nach Wien, um der fortschreitenden Ausbreitung des Protestantismus mit einer Gegenreformation zu begegnen.

1620 Sieg der Habsburger über die protestantischen böhmischen Stände; deren Anführer werden hingerichtet, alle Protestanten verjagt und ihr Vermögen wird eingezogen. Wien wird Zentrum der Gegenreformation und verpasst die Aufklärung. Stattdessen entstehen Dutzende von Klöstern und Gotteshäusern.

1669 Leopold I. lässt die Juden aus der Stadt vertreiben.

1679 Rund 100 000 Wiener verlieren durch die Pest ihr Leben.

1683 Zweite Türkenbelagerung Wiens.

1716 Fertigstellung des Unteren Belvedere, des Schlosses des Türkenbezwingers Prinz Eugen von Savoyen.

1737 Die Karlskirche wird vollendet.

1740–80 Unter Maria Theresia und ab 1765 ihrem mitregierenden Sohn Joseph II. setzt eine Politik der Reformen und Modernisierung ein, die Verwaltung wird zentralisiert.

»Maria Theresia im Kreise ihrer Familie« (1754, Schloss Schönbrunn)

1742/43 Beginn der Umbauarbeiten an Schloss Schönbrunn.

1781 Das Toleranzedikt Josephs II. gewährt Religionsfreiheit für Juden und Protestanten. Mozart kommt nach Wien (und stirbt 1791 völlig verarmt), ihm folgen bald Joseph Haydn und Ludwig van Beethoven.

1805–15 Napoleonische Truppen besetzen mehrfach die Stadt. Neuordnung Europas im Wiener Kongress (1815). 1806 legt Kaiser Franz II. die deutsche Kaiserwürde nieder, bleibt als Kaiser Franz I. aber Regent von Österreich.

1835 Johann Strauß (Vater) wird Hofballdirektor und macht den Walzer gesellschaftsfähig.

1848 Die Märzrevolution gegen das Regime von Fürst Metternich wird von den kaiserlichen Truppen grausam niedergeschlagen. Der 18-jährige Franz Joseph wird Kaiser von Österreich (bis 1916).

1854 Franz Joseph I. heiratet die schöne Tochter des Herzogs Maximilian von Bayern, Elisabeth, genannt »Sisi«. Die schon zu Lebzeiten legendenumwobene Kaiserin kommt 1898 bei einem Attentat ums Leben.

1857 Die Stadtmauer wird geschleift, die Ringstraße nach dem Vorbild der Pariser Boulevards angelegt.

1867 In einem Akt des Ausgleichs entsteht das österreichisch-ungarische Kaiserreich.

1873 Weltausstellung im Prater, neun Tage nach deren Eröffnung kommt es zu panikartigen

Aktienverkäufen und einem Börsenkrach, der die Gründerzeit abrupt beendet.

1890 Es kommt zur zweiten großen Stadterweiterung, Wien hat nun 19 Bezirke.

1894 Der Architekt Otto Wagner übernimmt den Ausbau der Stadtbahn.

1895 Zum ersten Mal bringen Wahlen eine christlich-soziale Mehrheit. Zunächst als Vize- und ab 1897 als Bürgermeister treibt Karl Lueger den Ausbau Wiens zur modernen Großstadt voran. Er fördert den Bau sozialer Einrichtungen, bedient sich allerdings massiver antisemitischer Propaganda.

1897 Gründungsjahr der Wiener Secession.

1900 Sigmund Freud erregt Aufsehen mit seiner »Traumdeutung«, dem Grundlagenwerk zur Psychoanalyse.

1903 Der Komponist Arnold Schönberg beginnt seine Lehrtätigkeit in Wien.

1910 Wien zählt über zwei Millionen Einwohner mit einer großen jüdischen Gemeinde.

1916 Nach dem Tod Kaiser Franz Josephs tritt Karl I. die Nachfolge an.

1918 Am Ende des Ersten Weltkriegs zerfällt das Habsburgerreich. Die Republik wird ausgerufen. Sozialdemokratische Verwaltung bis 1934 (»Rotes Wien«).

1922 Wien wird Bundesland der föderalen Republik Österreich.

1934 Nach dem Februar-Putsch der »Austrofaschisten« wird unter Dollfuß eine klerikalfaschistische Diktatur errichtet.

1938 Einmarsch Hitlers. Auf dem Heldenplatz verkündet er unter dem Jubel der Bevölkerung den »Anschluss« Österreichs an das Deutsche Reich. Bei den Novemberpogromen ab dem 9. November werden 92 Synagogen zerstört, nur eine einzige bleibt verschont. Beginn von Massenverhaftungen und Deportationen von insgesamt etwa 60 000 Juden.

1944 Die Stadt wird durch Bombenangriffe zu einem Fünftel zerstört.

1945–55 Nach der Besetzung durch die Rote Armee befindet sich Wien unter alliierter Kontrolle.

Fürst Metternich (oben), Kaiser Franz Joseph I. von Österreich (Mitte) und die österreichische Kaiserin Elisabeth »Sisi« (unten)

	Der Österreichische Staatsvertrag von 1955 verpflichtet den Staat zur Neutralität.
1970–83	Der Sozialist Bruno Kreisky setzt als Bundeskanzler neue Akzente.
1995	Österreich tritt der Europäischen Union bei.
1996	Die Nation Österreich feiert ihren 1000. Geburtstag.
2001	Eröffnung des MuseumsQuartiers.
2004	Bundespräsident Thomas Klestil (ÖVP) stirbt. Sein Nachfolger wird Heinz Fischer (SPÖ).
2006	Wien feiert Mozarts 250. Geburtstag.
2008	Trotz großer Verluste bei der Wahl regiert weiterhin die Koalition aus SPÖ und ÖVP.
2011	In der Hofburg wird die Wiener Schatzkammer der Habsburger neu eingerichtet präsentiert.
2016	Neuer Bundeskanzler wird Christian Kern (SPÖ). Bundespräsident wird der unabhängige Alexander von der Bellen.
2017	Nach der Auflösung der rot-schwarzen Koalition geht die ÖVP mit Sebastian Kurz als stärkste Partei aus den Neuwahlen hervor, gefolgt von der rechtspopulistischen FPÖ.
2018	Die Österreichische Nationalbibliothek feiert ihr 650-jähriges Jubiläum.
2019	Die Ibiza-Affäre löst eine Regierungskrise in Österreich aus. Ein Misstrauensvotum zwingt Bundeskanzler Kurz und seine Regierung zum Rücktritt. Neuwahlen sind für September geplant. ■

Aus gewachsener Bausubstanz modern entwickelt: das Wiener Museumsquartier – bunte Fauteuils laden zum Ausruhen nach dem Flanieren ein

Barocker Prunksaal der Österreichischen Nationalbibliothek am Heldenplatz

Service von A bis Z

Anreise

Mit dem Flugzeug

Wiens **Flughafen Schwechat** ➡ aD5/6 (✆ 01-70 07-222 33, rund um die Uhr, www.viennaairport.com) liegt rund 20 km von der Innenstadt entfernt. Optimal ist der **CAT** (City Airport Train), der 16 Min. bis zur Station Landstraße/Wien Mitte fährt. Abfahrt alle 30 Min., Einzelfahrt € 11. Passagiere können mit dem City-Check-In in Wien Mitte (Gepäckaufgabe und Bordkartenaushändigung) ein Anstehen am Flugschalter vermeiden; www.cityairporttrain.com.

Busse der **Vienna Airport Lines** (Einzelfahrt € 8) fahren in die Innenstadt (Fahrtzeit 20 Min.), zum Westbahnhof (Fahrtzeit 45 Min.) und zum Bahnhof Wien-Meidling (Fahrtzeit 30 Min.) sowie zum Vienna International Centre (Fahrtzeit 30 Min.).

Die Schnellbahn **S7** fährt vom Flughafen über Wien-Mitte/Landstraße bis Floridsdorf. Fahrtzeit bis Wien Mitte ca. 26 Minuten, benötigt werden zwei Fahrscheine zu je € 2,20.

Gegen Vorbestellung bieten **Taxis** günstigere Flughafen-Transfers an.

Das österreichische Parlament am Dr.-Karl-Renner-Ring

Wien in Zahlen und Fakten

Emblem der Dreifaltigkeitssäule am Graben

Alter: 15 v. Chr. legen die Römer *Vindobona* an.
Fläche: Von 414 km² Stadtgebiet, gegliedert in 23 Bezirke, sind fast die Hälfte Grünflächen (200 km²), dazu gehören auch 58 km² Gewässer. Der tiefste Punkt liegt 151 m über NN, der höchste 543 m über NN.
Lage: 16° östlicher Länge, 48° nördlicher Breite, je 60 km von Ungarn, Tschechien und der Slowakei entfernt.
Einwohner: 1,86 Mio. Einwohner. Nachdem die Stadt in den Jahren bis 2015 Einwohner verloren hatte, steigt die Bevölkerungszahl wieder seit 2016.
Einwohnerdichte: 4200 Einwohner/km²
Bevölkerungszusammensetzung: Die Bevölkerung ist keineswegs homogen, sondern setzt sich aus Nachfahren von Ungarn, Kroaten, Tschechen, Slowaken, Italienern und weiteren Volksgruppen sowie aus türkischen, deutschen und anderen Zuwanderern zusammen.
Klima/Temperaturen: Pro Monat regnet es an ca. 8 Tagen, die Durchschnittstemperaturen liegen bei 1 °C im Januar und 25 °C im Juli.
Bildung: Die 1365 gegründete Universität Wien ist die älteste und größte im heutigen deutschsprachigen Raum.
Wirtschaft: Wien gehört zu den wohlhabendsten Regionen der EU, 2007 wurde sie als fünftreichste Region eingestuft.
Tourismus: 2016 besuchten rund 15 Mio. Touristen Wien. Die Mehrzahl stammt aus Deutschland, USA, Italien, Großbritannien und Nordirland. Die Zahl der Gästebetten stieg auf über 65 000.

Wien wird auch von Billigfluggesellschaften wie Ryanair u.a. angeflogen. Es lohnt sich, Angebote zu vergleichen und so früh als möglich zu buchen.

Mit der Bahn
Schnellzüge werden ab/bis Wien über die Drehscheibe Wien Hauptbahnhof/Wien Meidling geführt. Die beiden Bahnhöfe arbeiten als zusammenhängende Einheit, die Züge halten an beiden Stationen. Von der U1-Station Hauptbahnhof sind die Bahnsteige nur 320 Meter entfernt, in fünf Minuten ist man von hier per U-Bahn am Stephansplatz. Zum neuen Wiener Hauptbahnhof gehört auch die **BahnhofCity**, ein 20 000 m² großes Einkaufszentrum mit 110 Läden und Restaurants. Rund um den Bahnhof entsteht derzeit ein neues Stadtviertel.

Mit dem Doppeldecker durch Wien

Mit dem Bus

Günstig ist auch die Fahrt nach Wien per Fernbus. Flixbus (http://global.flixbus.com) und Eurolines (www.eurolines.de) bringen ihre Gäste zum Vienna International Busterminal (VIB) an der U3 Station Erdberg. Das Portal www.fahrtenfuchs.de bietet den Anbietervergleich.

Mit dem Auto

Autofahrer benutzen die gut ausgebaute Westautobahn A1 aus Richtung Linz. Auf den Autobahnen in Österreich besteht **Mautpflicht**. Das gilt auch für die Stadtautobahnen. Die Vignette, die man z.B. beim ADAC oder an der Grenze erhält, kostet für zehn € 9,20, für zwei Monate € 26,80 und für ein Jahr € 89,30. Man sollte niemals ohne Autobahnvignette unterwegs sein, das kann sehr teuer werden. In Österreich ist auch tagsüber das Fahren mit Licht vorgeschrieben, wer ohne Scheinwerferlicht erwischt wird, muss bis zu € 30 zahlen.

An der Stadtgrenze (Triester Straße) befindet sich eine Touristinformation, die auch einen Stadtplan von Wien bereithält.

Auf Autobahnen gilt eine **Geschwindigkeitsbegrenzung** von 130 km/h, auf Landstraßen sind maximal 100 km/h und in Ortschaften 50 km/h erlaubt. In Österreich besteht Gurtpflicht, die Promillegrenze liegt bei 0,5.

Parkplatznot und dichter Verkehr erwarten den Autofahrer im Stadtzentrum. In den **Kurzparkzonen** darf der Wagen höchstens 90 Minuten abgestellt werden. Die Parkscheine erhält man am *Trafik* (Kiosk) oder an Tankstellen.

Am besten stellt man den Wagen in einer Hotel- oder Tiefgarage ab und nutzt das Nahverkehrsnetz. Da die meisten Attraktionen nah beieinander liegen, sind die Sehenswürdigkeiten auch gut zu Fuß zu erreichen. In die Vorstädte gibt es U- und S-Bahn-Verbindungen (vgl. S. 215).

Mit dem Schiff

Ein besonderes Erlebnis ist die Anreise mit dem Schiff über die Donau. Mehrere kleine Schifffahrtsgesellschaften bieten Fahrten zwischen Passau und Budapest an. Informationen erhalten Sie unter ✆ +43-1-72 75 00.

Man kann Wien auch im Rahmen einer mehrtägigen Kreuzfahrt auf dem Wasserweg erreichen. Auskunft:

Viking Flusskreuzfahrten, ✆ (01) 80 03 04 96 16, www.vikingrivers.com.

Auskunft

Wien-Besuchern stellt der Wiener Tourismusverband Stadtpläne mit Museenlisten, Hotel-Guides, Gastronomietipps und Monatsprogrammen gratis zur Verfügung. Sie werden auf Anforderung auch zugesandt: ✆ +43-1-24 555 und info@wien.info.

Die umfangreiche Datenbank www.wien.info listet aktuelle Veranstaltungen auf und gibt nützliche Tipps. Kinderprogramm bietet die Internetseite www.wienxtra.at.

Tourist Informationen:

In Deutschland
Österreich-Werbung Deutschland GmbH
Klosterstr. 64, D-10179 Berlin
✆ (030) 219 14 80, www.austria.info/de

In der Schweiz
Österreich Werbung
Zurlindenstr. 60, CH-8036 Zürich
✆ (44) 457 10 40, www.austria.info/b2b

In Wien
Wiener Tourismusverband
Obere Augartenstr. 40, A-1025 Wien
✆ (01) 211 14-0, www.info.wien.at
Kein Publikumsverkehr, Bestellung von Prospektmaterial, Infos und Zimmervermittlung.

Tourist Information Wien ➡ J11
1., Albertinaplatz 1, Ecke Maysedergasse (hinter der Staaatsoper)
✆ (01) 245 55
www.info.wien.at, www.wien.info
Tägl. 9–19 Uhr
Das Hauptaugenmerk in der neu gestalteten Tourist-Info am Albertinaplatz liegt auf der persönlichen Betreuung der Gäste in zehn Sprachen und in der Zimmervermittlung.

Wiener Staatsoper

Tourist Information Flughafen Wien-Schwechat ➡ aD6
Ankunftshalle
Tägl. 7–22 Uhr

Tourist Information Hauptbahnhof Wien ➡ N13
Im InfoPoint der ÖBB
Tägl. 9–19 Uhr

wienXtra-jugendinfo ➡ J10
1., Babenberger Str. 1, Ecke Burgring
U2 Station Rathaus
✆ (01) 4000 841 00, www.wienxtra.at/jugendinfo
Mo–Mi 14–19, Do–Sa 13–18 Uhr
Besondere Tipps für junge Leute, Pauschalen, billige Quartiere, Ticketverkauf, Beratung, Medienzentrum.

Diplomatische Vertretungen

Deutsche Botschaft Wien/Konsularabteilung ➡ K12
6., Strohgasse 14 C, A-1030 Wien
✆ (01) 711 54-0, www.wien.diplo.de
Mo, Mi–Fr 9–12, Di 13–16 Uhr

Schweizer Botschaft und Konsulat ➡ L12
Prinz-Eugen-Str. 7, A-1030 Wien
✆ (01) 795 05, www.eda.admin.ch
Mo–Fr 9–12 Uhr

Schlosspark von Schönbrunn

Feiertage, Feste, Veranstaltungen

Feiertage:

1. Januar **Neujahr,** 6. Januar **Dreikönigstag, Ostermontag,** 1. Mai **Tag der Arbeit, Christi Himmelfahrt, Pfingstmontag, Fronleichnam,** 15. August **Mariä Himmelfahrt,** 26. Oktober **Nationalfeiertag,** 1. November **Allerheiligen,** 8. Dezember **Mariä Empfängnis,** 25. und 26. Dezember **Weihnachten**.

Feste und Veranstaltungen:

Januar–Anfang März
Der **Wiener Eistraum** zählt zu den größten Open-Air-Eislaufplätzen Europas und wird mitten in der Stadt aufgebaut. Das Wintermärchen beginnt am Rathaus auf einer Eisfläche von 5400 m², ein »Traumpfad« aus Eis zieht sich 430 m durch den angrenzenden Rathauspark und verbindet die beiden großen Eislaufflächen auf dem Rathausplatz und an der Ringstraße (tägl. 9–22 Uhr, www.wienereistraum.at).

Ein Erlebnis für Groß und Klein: der Wiener Eistraum

Februar
Am letzten Do im Fasching **Wiener Opernball** in der Staatsoper – das gesellschaftliche Großereignis. Ende des Monats findet der beliebte, weniger mondäne **Kaffeesiederball** (www.kaffeesiederball.at) statt.

März
Anfang des Monats geht der **Bonbonball** im Konzerthaus an der Lothringerstraße über die Bühne. Wiener Hersteller empfangen Besucher mit Naschereien und alljährlich wird die Miss Bobon gewählt, aufgewogen mit den berühmten Manner-Schnitten.

Mai
Eröffnungsfest des **Wiener Praters** am 1. Mai. – **Wiener Frühjahrsmarathon**.

Mitte Mai–Juni
Bei den **Wiener Festwochen** präsentiert sich Wien als *die* europäische Kunst- und Musikstadt, www.wienerfestwochen.at.

Werbung für Mozart-Konzerte

Juni
Das große **Sommernachtsfest** auf der Donauinsel ist eine Mischung aus Jahrmarkt, Musik und Unterhaltung (Theater, Kabarett) mit freiem Zutritt. – Beim **Wiener Musiksommer** finden klassische Konzerte statt, z.B. in Palais, Kirchen und Parks. **Fête Impériale** heißt Europas größter Sommerball in der Spanischen Hofreitschule, der seit 2011 alljährlich zelebriert wird.

Juli/August
Musikfilmfestival, Musikfilme auf einer Großleinwand am Rathausplatz.

Anfang Oktober
Zwei Design-Großereignisse, die **Vienna Design Week** im Wien Museum Karlsplatz und die **Designmesse Blickfang** im Museum für angewandte Kunst, prägen die erste Monatshälfte (www.vi ennadesignweek.at, www.blick fang.com).

Ende Oktober–Anfang November
Internationales Filmfestival **Viennale** (www.viennale.at).

November/Dezember
Internationales Reit- und Springturnier in der Wiener Stadthalle. Die **viennaartweek** gewährt Blicke hinter die Kulissen der Kunstszene: Atelierbesuche, Führungen, Diskussionen, Partys für Kunstinteressierte (http://vieannaartweek.at).

Die Luxusmesse **Luxury, please** präsentiert im historischen Ambiente der Hofburg Marken, Produkte und Dienstleistungen im absoluten Luxussegment, wie Mode, Kunst, Yachten, Autos und Fluggeräte vom Feinsten (www.luxuryplease.com).

Dezember
Weihnachtsmärkte am Rathausplatz, auf der Freyung, am Spittelberg, im Heiligenkreuzerhof und vor Schloss Schönbrunn. – Ein Highlight: Der stimmungsvolle **Silvesterpfad** mit Ständen, Musikbühnen und Tanzzelten in der Innenstadt. Um 24 Uhr trifft man sich am Stephansplatz, wo im Dom die Riesenglocke »Pummerin« läutet und ein großes Feuerwerk die Stadt erhellt.

Rauschende Ballnacht

Opernball Wien und Hotel Imperial

Wien

In der Faschings- oder Karnevalszeit nehmen Tausende von Walzertänzern und -tänzerinnen an über 300 formellen Bällen zu unterschiedlichen Themen teil. Der schönste aller Bälle ist jedoch der legendäre Opernball. Er wird in der Staatsoper abgehalten, aus der eine Armee von Handwerkern die Sitze entfernt und über Nacht die prächtige Oper in einen glänzenden, weitläufigen Ballsaal verwandelt. Der Opernball wird mit dem großen Einzug der 200 eleganten Debütantinnen und ihrer Tanzpartner eröffnet. Die Hälfte der jungen Damen sind Wienerinnen, ein Viertel stammt aus dem übrigen Österreich, das letzte Viertel aus dem Ausland. 5000 Gäste aus allen Rängen der Wiener Gesellschaft und aus der ganzen Welt nehmen an dem märchenhaften Ereignis teil, das Kaiser Franz Joseph I. zum ersten Mal 1877 ausrief. Die Tanzfläche wird ein Kaleidoskop der Farben, wenn die Tänzer zu den schwungvollen Klängen des Walzers umherwirbeln.

Wenn es auf fünf Uhr morgens zugeht, blättern die Gäste im Märchenbuch zur nächsten Seite und begeben sich im »Hotel Imperial« zur Ruhe, dem repräsentativsten Hotel Wiens. Es wurde 1867 im Stil der Neorenaissance von Kaiser Franz Joseph für seine Nichte und ihren Mann, den Herzog von Württemberg, gebaut. Dort wurden die höchsten Gäste des Herzogs beherbergt, und noch immer ist es das offizielle Hotel für Staatsgäste. Richard Wagner buchte einst sieben Zimmer und komponierte Tag und Nacht. Vieles ist unverändert geblieben, trotz oder gerade wegen einiger Renovierungen für mehrere Millionen Dollar: unbezahlbare Möbel, Marmorfußböden, vergoldete Balustraden, Deckenbemalungen, funkelnde Kerzenleuchter. Die Gäste werden sich fühlen wie die britische

Einzug der Debütanten: Wiener Opernball.

Königin Elisabeth II., die nach ihrem Aufenthalt bemerkte, dies sei das wunderbarste Hotel, in dem sie je übernachtet habe.

Info: In der Innenstadt, im 1. Bezirk gelegen. **Info Wiener Staatsoper:** Opernring 2, 1010 Wien, Tel. (01) 514 44 22 50, www.wiener-staatsoper.at. **Info Opernball Wien:** Hanuschgasse 3, 1010 Wien, Reservierungen nur schriftlich möglich, der Wiener Opernball findet am Donnerstag vor Aschermittwoch statt. **Info Hotel Imperial:** Kärntner Ring 16, 1015 Wien, Tel. (01) 50 11 00, www.imperialvienna.com. Preise auf Anfrage.

Wiener Christkindlmarkt vor dem neuen Rathaus an der Ringstraße

Messe Wien ➡ G16/17
Messeplatz 1, 1021 Wien
✆ (01) 72 72 00, www.messe.at
Wien hat sein Messegelände in der Leopoldstadt neben dem Prater neu gestaltet und internationalem Standard angepasst. Messen werden im Bereich der Industrie, der Energie, der Zukunftstechnologien angeboten und mit »Alles für den Gast« im April auch für den Tourismus.

Geld, Kreditkarten

Währungseinheit ist der Euro. Die Banken haben Mo, Di, Mi und Fr 8–12.30 und 13.30–15, Do 8–12.30 und 13.30–17.30 Uhr geöffnet.

Die herausgebenden Banken verfügen meist über eigene Rufnummern zur **Sperrung von ec-, Maestro- und Kreditkarten**, die Sie in der Regel mit Ihrer Kreditkarte ausgehändigt bekommen. Für die Sperrung von Kreditkarten, ec-Karten, Handys oder Ausweisen steht zusätzlich rund um die Uhr ein **Service** unter ✆ +49 116 116 und 50 40 50 zur Verfügung.

American Express-Karten und Reiseschecks können Sie von Österreich aus unter ✆ 0800-23 23 40, Mastercard und Kreditkarten unter ✆ 0800-21 82 35 sperren lassen.

Hinweise für Menschen mit Handicap

Der Flughafen Wien-Schwechat, die meisten Bahnhöfe, U-Bahn-Knotenpunkte, viele Theater, Museen und andere Sehenswürdigkeiten sind barrierefrei gestaltet.

Wien Tourismus erteilt Auskünfte zu Cafés, Bars und Restaurants, die auf Rollstuhlfahrer eingestellt sind, und ebenfalls zu Unterkünften, die spezielle Anforderungen erfüllen (Wien Hotels & Info, ✆ +43-1-245 55, www.wien.info).

Für Blinde gibt es einen kostenlosen Stadtplan, auf dem Sehenswürdigkeiten zu ertasten sind.

Weitere Infos unter www.wien.info/de/reiseinfos/wien-barriere frei.

Internet

In Wien gibt es zahlreiche »wien.at Public WLAN«-Standorte und es werden immer mehr sogenannte Access Points errichtet. »Public WLAN« steht für kabellose Internetverbindungen an öffentlich zugänglichen Orten. Zu finden sind diese beispielsweise am Rathausplatz, am Stephansplatz, am Yppenplatz oder im Gänsehäufelbad. An Funkmasten geklebte wien.at-Sticker mit der Aufschrift »Hier gibt's gratis Public WLAN« weisen auf die Verfügbarkeit hin. Mittels Glasfasertechnik sind die einzelnen Funkverteiler mit den Access Points verbunden.

www.info.wien.at – Website von WienTourismus
Hier findet man alles Wissenswerte zu Wien: Hotels, Reise-Infos, kulturelle Highlights, Veranstaltungshinweise, Stadttouren usw.

www.vienna.at – nach Stadtvierteln sortierte, detailreiche Infos zu Lifestyle, Sport, Party u. v. m.

www.wienxtra.at – übersichtliche Kinderprogrammseiten

Das neu gestaltete Messegelände in der Leopoldstadt

Klima, Reisezeit

Vorherrschend ist gemäßigtes kontinentales Klima: kalte Winter und warme Sommer mit nicht allzu viel Niederschlägen. Der Regen ist gleichmäßig über das ganze Jahr verteilt, im statistischen Mittel regnet oder schneit es pro Monat nie mehr als neun, nie weniger als sieben Tage. Wien verzeichnet fast 2000 Sonnenstunden, im Sommer kann es heiß werden. Beste Reisezeiten sind Frühjahr, Frühsommer und Herbst.

Notfälle, wichtige Rufnummern

Notruf ✆ 112
Ambulanz/Rettung ✆ 144
Feuerwehr ✆ 122
Polizei ✆ 133
Ärztlicher Notdienst ✆ 141
Apotheken-Notdienst ✆ (01) 15 50
Busauskunft ✆ (01) 711 01
Flugauskunft Wien-Schwechat ✆ (01) 7007-0
Fundamt ✆ (01) 40 00 80 91
Funktaxi ✆ (01) 313 00, 401 00, 601 60
Pannendienst ARBÖ ✆ (01) 895 60 60, Notruf 123, ÖAMTC
✆ (01) 71 19 90, Notruf 120
Telefonauskunft ✆ 11 88 99
Wetter ✆ 15 66
Zahnärztlicher Nachtdienst
✆ (01) 512 20 78 (Tonband)
Zugauskunft ✆ (01) 93 00 00

Post, Briefmarken

»Sisi«-Darstellerin Romy Schneider wurde 2008 auf einer Briefmarke verewigt

Wiens vierstellige Postleitzahlen verraten in der Mitte die Nummer des jeweiligen Bezirks. 1010 steht für den 1. Bezirk, 1200 für den 20. Bezirk.

Die Postämter haben montags bis freitags 8–12 und 14–18, samstags 8–10 Uhr geöffnet. Rund um die Uhr offen hält das **Hauptpostamt** ➡ H12 (1., Fleischmarkt 19, U-Bahn Schwedenplatz). Ansichtskarten frankiert man ebenso wie normale Briefe mit Briefmarken zu € 0,80.

Presse, Stadtmagazine

Die Wiener gehören zu den Hauptstädtern mit dem reichhaltigsten Presseangebot der Welt. Alle großen internationalen Tageszeitungen sind zu bekommen. Die

Bei Kaffee und Kuchen im Kaffeehaus

interessantesten einheimischen Blätter sind der liberale »Standard«, die konservative »Presse« und die soliden »Salzburger Nachrichten«. Auflagenstark sind die Publikumszeitungen »Kurier« und »Neue Kronenzeitung«.

In den Stadtmagazinen »Basta«, »Falter« und »Wiener« bzw. »Wienerin« finden sich engagierte Kulturberichte sowie zahlreiche Tipps zu Aktivitäten aller Art, vom Einkaufen bis zum Ausgehen.

Sightseeing, Touren

Die **Wiener Stadtrundfahrten** (Vienna Sightseeing Tours) führen tägl. von 9.45 bis 19.30 Uhr per Bus zu den wichtigen Sehenswürdigkeiten. Die zentrale Abfahrtsstelle ist die Haltestelle **Staatsoper**. Erwachsene zahlen € 29, Kinder € 19.

Vienna Sightseeing Tours
© (01) 712 46 83, www.viennasightseeing.at
Tageskarte Hop-on-Hop-off ab € 26,10
Täglich sind mehrere Stadtrundfahrten im Angebot, auf Wunsch wird man auch kostenlos im Hotel abgeholt.

Fremdenführer auf dem Kutschbock: durch Wiens 1. Bezirk mit dem traditionellen Fiaker

Busse fahren entlang dreier Routen durch die Stadt. Man kann ein- und aussteigen, wo man möchte, Informationen zu den Sehenswürdigkeiten entlang der Strecke in 12 Sprachen.

Cityrama
1., Opernpassage, Top 3
✆ (01) 712 46 83
www.cityrama.at
Nov./Dez. und Jan.–März Mo–Sa 10–17, So/Fei 10–15, April–Okt. Mo-Sa 9.30–18, So/Fei 9.30–15 Uhr
Im Angebot: u. a. Stadtrundfahrt & Schloss Schönbrunn (€ 48), Sights (€ 40,50), Donau-Panorama (€ 52). Die Busrundfahrten beginnen an der zentralen Abfahrtsstelle Stadtpark/Johannesgasse vor dem Kursalon oder am Hotel.

Wien im Fiaker
www.wien.info
Die Stadtrundfahrten mit max. vier Personen kosten für 40 Min. € 80, für eine Stunde € 110; Schönbrunn-Rundfahrt € 75. Die meistbetrabte Strecke ist die innere Altstadt und ein Teil entlang der Ringstraße.

Fiakerstandplätze in der Innenstadt: Stephansplatz, Petersplatz, Albertinaplatz, fallweise Michaelerplatz, Heldenplatz und vor dem Burgtheater.

Rundfahrt am Wiener Zentralfriedhof jeweils Do–So ab 10 Uhr (Standplatz ist bei Tor 2), für 30 Min. € 40 pro Kutsche, für 60 Min. € 70 pro Kutsche.

Die berühmten Pferdekutschen, von den Wienern Zeugl genannt, gibt es seit dem 17. Jh. Sie zu benutzen, ist nicht billig – aber es gibt Platz für bis zu fünf Personen.

Straßenbahnlinie D
Für € 2,40 eine Stadt aus der Tram betrachten. Die „Bim“, wie die Wiener ihre Straßenbahn nennen, macht's möglich. Das revolutionäre Preismodell soll Fahrgäste in Busse und Bahnen bringen, die Wiener mögen das. Autoparken wurde dagegen drastisch verteuert. Die Linie D passiert zwischen Hauptbahnhof und Karlsplatz die Innenstadt, alle drei bis fünf Minuten. Täglich werden von 29 Straßenbahnlinien 2,6 Millionen Fahrgäste transportiert. Einzigartig in Europa.

Fremdenführer auf dem Kutschbock

Fiaker-Fahrt

Wien

Seppi und Remi müssen früh raus. Der Arbeitstag der Pferde, die vor die 150 Wiener Droschken – Fiaker genannt – im historischen ersten Bezirk gespannt werden, beginnt um 4.30 Uhr. Stallburschen schieben ihnen Futter in die Boxen, bürsten sie, schirren sie an und stopfen ihnen Watte in die Ohren. Das ist nötig wegen schriller Verkehrsgeräusche. Seppi und Remi trotten selbst dann brav weiter, wenn ein Motorrad neben ihnen aufheult oder die Straßenbahn in der Kurve kreischt.

Ist der Kutscher mit dem Gespann auf dem Stephansplatz angekommen, reiht er sich in die Warteschlange ein und rückt allmählich nach vorn. Er trägt eine schwarze Melone auf dem Kopf, bei Kälte und Regen hüllt er sich in einen langen Mantel. Er ist Tagelöhner, die etwa 100 Jahre alte, restaurierte und rund 7000 Euro teure Kutsche gehört ihm nicht. Er muss Buch führen, ihm bleibt ein Drittel der Tageseinnahmen. Er zahlt täglich, damit der Platzwirt die Pferde tränkt und ihren Mist wegräumt. Und er ist ausgebildeter Fremdenführer, während der Fahrt dreht er sich vom Kutschbock nach hinten und nennt den Gästen im Fond Eckdaten zu Sehenswürdigkeiten.

Die Fiaker-Fahrt führt stets durch die Gassen, die Hofburg und einige Straßen. Der Kutscher hat immer einen guten Fototipp parat, bittschön, und wenn die Vorkasse (Trinkgeld) gestimmt hat, baut er typische Wiener Anekdoten und Witze ein – in zwei, manchmal sogar bis zu sechs Sprachen. Aber von den 14 Arbeitsstunden pro Tag sind mindestens acht Wartezeit. Kommen Touristinnen, reizt er seinen Wiener Charme aus. »Ja, mei, was is die Lady schoen!« Bei kühlem Wetter legt er den Gästen in den Lederpolstern Decken über die Beine. Ist er gut gelaunt, sind auch Passantinnen vor Zurufen vom Kutschbock nicht sicher. So versüßt sich einer, der einen harten Job macht, den Alltag. Auch für seine Wallache hat er Streicheleinheiten, und wenn Touristen ihn fotografieren wollen, grinst er breit.

Info Fiaker-Fahrt: www.fiaker.at. Die offiziellen Fiaker-Plätze sind am Stephansplatz, Heldenplatz, Albertinaplatz, Petersplatz, Burgtheater. 20 Min. Fiaker-Fahrt für bis zu 4 Pers. € 55, 1 Std. € 110, abhängig von der Route, alles darüber hinaus ist verhandelbar.

Fiaker am Stephansplatz in Wien.

Tram-Linie 71

Wien zu Fuß:

Nectar & Pulse
✆ (00 49) 176 31 49 79 79, www.nectarandpulse.com
Pfiffige junge Leute bieten – in Zusammenarbeit mit Musikern, Schauspielern u. a. – private Wientouren an. Ganz nach persönlichen Bedürfnissen, z. B. Kaffeehäuser, Shopping. Honorar Verhandlungssache.

Vienna Walks & Talks ➡ G11
1., Werdertorgasse 9/2
✆ (01) 774 89 01, www.viennawalks.com
Führungen € 12–18
Drei Schwestern und ihr Bruder, alle ausgebildete Fremdenführer, offerieren Führungen durch Bezirke, zu Spezialitäten und Kunst – für Erwachsene und für Kinder.

Thematische Touren
»Der Dritte Mann – Auf den Spuren eines Filmklassikers«
✆ (01) 40 00 30 33, www.drittemanntour.at
Mai–Okt. Do–So 10–20 Uhr (Kanal-Tour zu jeder vollen Stunde), Preise: € 10/8
Einstieg Kanal-Tour am Karlsplatz-Girardipark, vis-à-vis Café Museum
Wer den Original-Drehort im Wiener Kanal besuchen will und und sich auf die Spuren des Orson Welles (alias Harry Lime), bekannt als »Der Dritte Mann«, begeben will, steigt hinab in die Unterwelt und erfährt bei der begleiteten Tour mehr über das unterirdische Wien damals und heute.

WienCard (Vienna Pass)

Vor allem für einen mehrtägigen Besuch in Wien lohnt sich der Vienna Pass, der zahlreiche Rabatte gewährt. Man kann unlimitiert die Hop on Hop off-Busse benutzen sowie die von Vienna Sightseeing Tours. Mit der WienCard gibt es freien Zutritt zu über 60 Sehenswürdigkeiten, das gesamte Nahverkehrsnetz und zu ausgewählten Partnern in Gastronomie, Handel und Dienstleistungen (im Guide Book aufgelistet). Zudem sind die meisten Museen mit dem Pass zugänglich.

Folgende Kategorien sind gültig: Erwachsener und Kind (6 J. bis zum 15. Geburtstag): 1 Tag € 59/17, 2 Tage € 89/25, 3 Tage € 119/29. Der 6-Tage-Pass kostet € 154. Die WienCard ist in den Tourist Informationen erhältlich, man kann ihn auch unter www.viennapass.de bestellen.

»Wiener Spaziergänge«
✆ (06 64) 66 42 60 43 88, 489 96 74
www.wienguide.at
Preise: 1,5 bis 2 Std. € 18/8
Thematische Touren (ca. 1 ½ Std.) zur Architektur, Musikgeschichte, Kultur Wiens.

Wiener Spaziergänge ➡ K11
Treffpunkte nach Anmeldung: Albertinaplatz, Michaelerplatz, Hoher Markt
✆ (676) 922 77 73
www.wienfuehrung.com
Preise: € 16/13 (mit Wien-Karte), bis 15 J. € 8, bis 5 J. frei
Themen: Wien klassisch, Eros und Habsburg; Kaffeehaus; Josefine Mutzenbacher; Mörder, Hexen, Henker u. a.

Dem »dritten Mann« auf der Spur: eine Spezialtour durch Wien

Private Führungen
Für Gruppen und für private Führungen durch Wien vermittelt der Vienna Guide Service ortskundige, autorisierte Guides:
Vienna Guide Service – Wiener Fremdenführer-Vermittlung
Tautenhayngasse 21/3
✆ (01) 587 36 33 62, Mo–Do 8–16, Fr 8–14.30 Uhr
www.guides-in-vienna.at

Auch auf **literarischen Spuren** kann man durch die Stadt wandeln. Wer nicht auf eigene Faust gehen will, kontaktiert die genannten Anbieter von Stadtspaziergängen.

Heimito von Doderers »Strudlhofstiege« ist als Jugendstil-Straßentreppe zwischen Strudlhof- und Pasteurgasse heute noch zu besteigen.

In der Ungargasse ließ Ingeborg Bachmann ihren Roman »Malina« spielen. Thomas Bernhards Buch »Heldenplatz« handelt von demselben.

Wien zu Wasser:

DDSG Blue Danube Schifffahrt
4., Friedrichstr. 7
✆ (01) 588 80-0 (Mai-Okt.)
www.ddsg-blue-danube.at
Das Ticket kostet ab € 26 je nach Abfahrtszeit und Wochentag. Ein Reisepass/Personalausweis ist erforderlich.

Eine **Schiffstour** führt tägl. um 9 Uhr in die naturgeschützten Donauauen

Schiffsrundfahrten auf der Donau und am Donaukanal starten bei der Schiffsstation Wien City am Schwedenplatz, beim Yachthafen Marina Wien und bei der Anlegestelle bei der Reichsbrücke.

Nächtliche Themenfahrten finden in der warmen Jahreszeit auf der Donau statt. Von April bis Oktober verkehrt zwischen Wien und Bratislava, der 60 km entfernten Hauptstadt der Slowakei, der moderne Schnellkatamaran **»Twin City Liner«**. Eine Strecke dauert 75 Minuten. Abfahrt am Handelskai/Schwedenplatz (www.twincityliner.com). Die Tickets kosten € 5–25 je nach Abfahrtszeit und Wochentag. Ein Reisepass ist erforderlich.

Wien per Fahrrad und Segway:

Pedal Power
Radverleih: 2., Ausstellungstr. 3 ➡ F15
Rad- und Segwaytouren: 1., Elisabethstraße 13 ➡ J10
✆ (01) 729 72 34
www.pedalpower.at, www.segway-vienna.at
Mai–Okt. tägl.
Geführte Radtouren zu den schönsten Sehenswürdigkeiten Wiens mit Fotostopps, ab € 37 (3 Std.). Auch Fahrradverleih für eigene Tour möglich. Die Segway-Tour durch die Stadt (2-8 Personen, ca. 3 Std.) kostet € 89.

Mit Segway vor der Nationalbibliothek am Heldenplatz

Rad- und Inlineskates-Verleih ➡ aB4
12. Reichsbrücke/Donauinsel, Copa Cagrana
✆ (01) 263 52 42, www.fahrradverleih.at
Räder ab € 20/Tag
Weitere Infos zum Thema Radfahren erhält man bei Wien Tourismus unter www.info.wien.at und im Radblatt (zu bestellen unter ✆ 01-245 55, info@wien.info).

Sprachhilfen

»Ich ersuche Sie«, sagt der Polizist, wenn der Verkehrssünder nicht gleich einsichtig ist. »Setzen wir uns nieder«, heißt es im Kaffeehaus ebenso wie in der Beamtenstube. »Frau Figlmüller ist heute unter Verschluss, da kann ich Sie nicht durchstellen«, erklärt die Sekretärin den stressgeplagten Tag der Chefin, deren »Klappe« sie nicht herausgeben will. Das »Weanerisch« ist ein Sonderfall des Deutschen, und was für einer!

Mancher Erstbesucher wähnt sich gar im sprachfremden Ausland, dabei sind die Wiener auch beim Sprechen einfach nur ein wenig barock, »Jessasmaria«! Man geht »gradaus«, fährt mit der »Tram«, wo's »zu Fuß doch ned gschwinda gehd«. Wer widerspricht, bekommt zu hören: »Naa, geh heerst, bisd ned ganz gscheit!« Unvergleichlich klingt es immer, nicht nur, wenn der Kellner den Zugereisten belehrt, dass er keine Sahne habe, aber »Schlagobers«.

Das Schönste in einem Wiener Kaffeehaus ist das Zuhören. »Jaa, der Heea Doktor Ludowitzky, meine Verehrung«, wird da begrüßt. Und nach dem werten Wohlbefinden befragt. »Bländend, könnt' gar ned bässer sein«, lautet die Antwort. Danach beginnt man ein bisserl zu plauschen, bis der nächste Bekannte eintrifft. »Jaaa, habe die Ehre …«.

Lang zieht sich die Sprache der Wiener, und so gemütlich ist sie wie die Wiener Lebensart. Wichtigstes Motto: »Nua ned hudln!« »Geh heerst, des is doch as letzte …«, wenn der »Piefke« (alle Deutschen außer den Bayern, auch »Mexikaner« von »mag sie kaner« genannt) mit Terminen drängelt.

»Danke – bitte«, lautet eine der häufig zu hörenden Wendungen. Man bedankt sich für etwas, klärt aber im selben Atemzug, dass man solches von einem dienstbaren Geist schon erwarten kann. »Das möchd scho sei!« »Was waaß denn ich«, wird ausgewichen, wenn die Antwort nicht klar ist. »Des interessiert doch mich ned«, wird nachgebessert. »Geh heerst, gib a Ruah«, wird der Schluss-Strich gezogen. Und wenn dann immer noch verbaler Widerstand kommt, bleibt nur noch der Schmäh: »No, da heert sich doch alles auf. Da siehst, diese Ausländer, allweil hudln, allweil bressiern, aber dann wundern, wenn's ned old werd'n, geh heerst!« Mitunter wird auch eine sprachliche Attacke geritten: »Schau ned so bleed!« Selbst das klingt noch lieblich.

Der wienerische Sprachfluss schmiegt sich ins Ohr, nur manchmal kommt er etwas »grätzig« daher. In Wien

Tricycle in der Wiener Fußgängerzone

Vorm Hundertwasserhaus steht noch eine original britische Telefonzelle

wird eben nicht nur deutsch gesprochen. Von jeher hat hier Heimrecht, was die Fremden über Jahrhunderte hinweg mitbrachten in die zeitweise Hauptstadt Europas, die Vielvölkerstadt.

Darum gilt es, genau zuzuhören, bis man verstanden hat, dass ein »Beisl« nichts anderes ist als ein uriges Gasthaus, in dem man sein »Laberl«, ein Gericht aus undefinierbaren Fleischteilchen, verzehrt, aber auch Gemüsesorten wie »Paradeiser« (Tomaten), frische »Erdäpp'l« (Kartoffeln) oder »Karfiol« (Blumenkohl) zu sich nimmt und anschließend mit einem Viertele und mit einem »Jackerl« (Scherzform von Cognackerl) nachspült. Am Würstelstand ordert »a Eitrige mit an Siaßn und an Bugl«, wer Lust hat auf eine herzhafte Burenwurst mit süßem Senf und einer Brotkante.

Der »Adabei« ist ein Wichtigtuer, der »Dodl« ein Trottel und der »Haberer« ein Freund. Tagsüber geht der Wiener »hackln« (arbeiten), zwischendurch ins »Häusl« (Toilette), und wenn es im Büro »hudriwudri« (wirr, durcheinander) zugeht, genehmigt er sich ein »Kracherl« (Limonade), ein »Krügerl« (halber Liter Bier) oder nur ein »Seidl« (0,3 Liter Bier) und pafft dazu einst eine »Tschick« (Zigarette), um nicht »schiach« (hässlich) zu werden.

Gibt es am Monatsende »Marie« (Geld), ist der Wiener nicht mehr »miaslsüchtig« (zu schlechter Laune neigend), sondern »wiff« (lebhaft, lebendig). Dann steht die »Pappn« (Mund) kaum noch still, es kommen »Spompernadln« (verrückte Ideen) auf, und mitunter neigt der Wiener dann zum »umlankln« (müßig herumgehen).

Er ist eben einfach gemütlich. Und wenn er doch einmal Stress hat, gelten dafür Standardformeln: »Dös hamma allaweil so g'macht«, »Dös hamma no nia so g'macht« und »Da kennat jo a jeda kumma«. Das ist seit Jahrhunderten sein Bollwerk gegen Tempomacher, Antitraditionalisten und andere Engstirnige – »Nua ned hudln.«

Telefonieren

Mit dem Handy kann man innerhalb der EU häufig zum selben Tarif wie zu Hause telefonieren. Am besten vor der Reise informieren.

Vorwahlen
Österreich ✆ +43 (dann Ortsvorwahl ohne 0)
Wien ✆ +43-1
Deutschland ✆ +49
Schweiz ✆ +41 (dann Ortsvorwahl ohne 0)

Telefonauskunft
✆ 1611 (Inland)
✆ 1612 (Deutschland)
✆ 1613 (Europa)
✆ 1614 (Übersee)
Kostengünstige Auskunft (auch von Deutschland aus)
✆ +43-66 21 18 11

Verkehrsmittel

Das öffentliche Nahverkehrsnetz in Wien ist exzellent und stets die bessere Alternative zum Auto (dank Parkplatznot und allzeit verstopfte Straßen). Der Einzelfahrschein kostet € 2,40, die Tickets gibt es am Automaten, aber auch in Trafiken (Kiosken).

Günstiger ist, sich einen Vienna Pass (WienCard) zuzulegen, er beinhaltet freie Fahrt mit Bussen und Bahnen.

Wer mit der Schnellbahn S 7 vom und zum Flughafen fährt, benötigt zusätzlich zum Vienna Pass einen Einzelfahrschein zum Preis von € 2,40, der vor Fahrtantritt entwertet werden muss. Die Fahrt zum Flughafen ist auch mit dem Bus (Vienna Airport Lines für € 8 oder – noch schneller – mit dem CAT (City Airport Train) für € 11 möglich. Für die Taxifahrt muss mit € 35-45 gerechnet werden.

Wiener Linien
✆ (01) 79 09 100
www.wienerlinien.at
Mo–Fr 6–22, Sa/So 8.30–16.30 Uhr

Taxis
✆ (01) 313 00, 401 00 und 601 60
Mit Apps wie myTaxi, Get-a-Taxi, und Taxi 31300 kann man über das Smartphone ein Taxi ordern.
Standplätze sind über die ganze Innenstadt verteilt und lassen sich mit Hilfe der Apps leicht ausmachen. ■

Mit dem Wiener Nahverkehr lassen sich alle Sehenswürdigkeiten schnell erreichen

Die **fetten** Seitenzahlen verweisen auf ausführliche Erwähnungen, *kursiv* gesetzte Begriffe bzw. Seitenzahlen beziehen sich auf den Service.

Albertina, Wien: S. 10 u., 54 o.; Harald Eisenberger: S. 54 u.; Rupert Steiner: S. 55.
ALT WIEN KAFFEE: S. 122 o.
Amalienbad/Votava/PID: S. 188 u.
Andaz Vienna Am Belvedere, Wien: S. 130
Archäologischer Park, Petronell-Carnuntum/Stefan Baumann: S. 40
Lisa Bahnmüller, Geretsried-Gelting: S.28, 200
B&F Wien Bestattungsmuseum: S. 56 o., 56 u.
Botanical Garden, Wien: S. 148
Boutiquehotel Stadthalle, Wien: S. 117 u.
Brauerei Essig-Brauerei Gegenbauer, Wien/Hans Schubert: S. 170
Bundesmobilienverwaltung, Wien/Lois Lammerhuber: S. 63, 64
Café Central im Palais Ferstel, Wien: S. 124 o.
Café Drechsler, Wien/Fiona Balouglu: S. 124 u.
Café Prückel, Wien/prueckel.at: S. 126
Café Sperl, Wien: S. 127 u.
Chelsea, Wien/Simone Filmsteiner: S. 151
Combinat, Wien/Tsalikoglou Sybille: S. 171
Deli Bluem, Wien/Ulrike Schwab-picture for you: S. 128
Diana Bad, Wien: S. 179
Dorotheum GmbH & Co KG, Wien: S. 21 o.
Erich, Wien/Christof Wagner: S. 129
Eva Ellersdorfer-Meissnerova: S. 46
Figlmüller, Wien: S. 142
Filmcasino, Wien: S. 161 o.
Paula Firley (Pixelina): S. 185
Fotolia/Georgios Alexandris: S. 197; Augenblicke: S. 2 o. Mitte, 10 o., 158; Ingo Bartussek: S. 175; bettinasampl: S. 181; Wagner Christian: S. 104 u.; Creativemarc: S. 26; Digitalpress: S. 30 u., 155; Increa: S. 108; Lucky Dragon: S. 167 o.; Sergii Figurnyi: S. 209; David Harding: S.81; Pavol Kmeto: S. 105, 176; Photo 5000: S. 38; Photoinsel: S. 33; pure life pictures: S. 113; Scalesy: S. 3 o. l., 90; Schwoab: S. 122 u.; Olga Vasilkova: S. 163 o.; Waldteufel: S. 102 u., 35
Ralf Freyer, Freiburg i. Br.: S. 19, 127 o., 202
Rainer Hackenberg, Köln: S. 2 o. r., 18 u., 61, 75 o., 111, 163 u.
Gasthaus Pfudl, Wien: S. 132, 138
Gerstner Shop, Wien: S. 167 u.
Gegenbauer Gästezimmer, Wien/Petra Meisel: S. 116
Haslinger, Baden bei Wien: S. 153 u.
Haus der Geschichte Österreich, Wien/Hertha Hurnaus: S. 58 u., 59
Haus des Meeres, Wien/Daniel Zupanc: S. 100
Heeresgeschichtliches Museum, Wien/Nadja Meister: S. 60
Heidingers Gasthaus, Wien: S. 133
Hengl-Haselbrunner Buschenschank, Wien/Oliver Grün und Matthias Hengl: S. 145 o.
Hollmann Beletage, Wien/Julia Geiter: S. 115
Horst Herzig, Groß-Gerau: S. 8/9, 21 u.
Hotel am Brillantengrund, Wien/Daniel Rod: S. 119 o.
Hotel Das Triest, Wien/Severin Wurnig: S. 114
Hotel Kugel, Wien: S. 118
Hotel Rathaus - Wein & Design, Wien/Peti Blaha: S. 117 o.
Hotel Sacher, Wien: S. 123
Hertha Hurnaus, Wien: S. 77
iStockphoto/4FR: S. 94 o., 180; Oleg Albinsky: S. 16, Loic Bernard: S.154; badahos: S. 101; bluejayphoto: S. 91; bonchan: S. 143; Creativemarc: S. 43; Matthew Dixon: S. 62, 107; Mira Janacek: S. 32 u.; JJFarquitectos: S. 104 o.; Tobias Keckel: S.196; Bogdan Lazar: S.204; Riwanto Megosinarso: S. 210; Josef Muellek: S. 183; Thomas Pitterle: S. 45; PleskyRoman: S. 44; Thomas Pullicino: S. 149; Sergey_Fedoskin: S. 37; Robert Simon: S.2 o. l., 18 o.; stellalevi: S. 5; Willie B. Thomas: S. 145 u.; Karina Tischlinger: S.88; vienna71 photo: S. 31; Vvoe Vale: S. 15, 20; Flavio Vallenari: S. 103; Jeff Whyte: S. 102 o.; Yarchyk: S. 95
János Kalmár, Wien: Schmutztitel (S. 1), 94 u.
Jüdisches Museum am Judenplatz, Wien/Sebastian Gansrigler: S. 65 u.
Julius Meinl am Graben, Wien: S. 165, 166
KHM-Museumsverband: S. 86 o.
Kierok/laif, Köln: S. 22
Klimt Villa, Wien: S. 67
Leberkas-Pepi, Wien: S. 134 o.
LILARUM, Wien: S. 177 u.
LOBMEYR, Wien: S. 164 o.
MA 42 – Wiener Stadtgärten, Wien: S. 70 o.
Magdas, Wien/Peter Barci: S. 119 u.
MAK, Wien/Georg Mayer: S. 71; Katrin Wißkirchen: S. 70 u.
Marco Simonis/PHOTO SIMONIS Wien www.simonis.com: S. 134 u.
Marionettentheater Schloss Schönbrunn, Wien: S. 178 o.
Max & Benito, Wien/Lennart Horst: S. 135 o.
Metro-Kino, Wien/Rupert Steiner: S. 161 u.
MHV Peters: S. 73
Motto am Fluss, Wien/Marianne Greber: S. 135 u.
Mozarthaus Vienna/David Peters: S. 72
Nachbarin, Wien/Magdalena Blaszczuk: S. 172
Nationalpark Donau-Auen GmbH/Kovacs: S. 42
ÖFM/Hertha Hurnaus: S. 79
Österreich Werbung/Diejun: S. 194; Kalmar: S. 168; Lammerhuber: S. 11 o.;Wiesenhofer: S. 4 o. l., 99
Okra, Wien/Markus Patak: S. 137
Pepe-Train-Art: S. 86 u.
Plachutta Hietzing, Wien: S. 144
Raimundtheater, Wien/Gregor Buchhaus: S. 156 o.
Reed Messe Wien/G. Szuklits: S. 205
Ruby Sofie Hotel Vienna, Wien: S. 120
said the butcher to the cow, Wien/Michael Lehner: S. 139
Schauspielhaus, Wien/Matthias Hesch: S. 156 u.
shutterstock/And-One: S. 184 o.; Ungvari Attila: S. 199; Balakate: S. 29; Bavaria Pictures: S. 92 o.; Alessandro Cristiano: S. 78; hlphoto: S. 50, Inspired By Maps: S. 4 o. Mitte, 121; JJFarq: S. 212; Mojmir Fotografie: S. 207; Agatha Kadar: S. 188 o.; Klev.Victor: S. 17, 80 u.; May Lana: S. 36; Tomasz Mazon: S. 109, Karl Allen Lugmayer: S. 51, 65 o.; Anatolii Lyzun: S. 52; Mistervlad: S. 89; mRGB: S. 10 Mitte; Nanulya: S. 53; neftali: S. 206; Ninetails: S. 58; sasimoto: S. 213; Sergio Monti Photography: S. 214; Viacheslav Savitskiy: S. 112 o.; smereka: S. 198; S.Tatiana: S. 34; TasfotoNL: S. 136, travelview: S. 195; Madrugada Verde: S. 215; vidalgo: S. 4 o. r., 186; vvoe: S. 152; Jeff Whyte: S. 106; Cezary Wojtkowski: S. 110
Sigmund Freud Privatstiftung, Wien/Gerald Zugmann: S. 82 o.
Julius Silver, Wien: S. 3 o. r., 208
Stadt Wien/PID/Christian Fürthner: S. 182; PID/Christian

Jobst: S. 201; PID/Kronsteiner: S. 98 u.; PID/Schaub-Walzer: S. 92 u., 112 u., 184 u.
Guenter Standl/laif, Köln: S. 25, 174
Berthold Steinhilber/laif, Köln: S. 68 o., 125, 146
Steirereck GmbH, Wien: S. 141
Cathrine Stukhard/laif, Köln: S. 98 o.
Udo Titz, Wien: S. 173
Therme Wien: S. 189
Tiergarten Schönbrunn, Wien/Daniel Zupanc: S. 177 o.
Trzesniewski, Wien: S. 139 u.
VISTA POINT Verlag (Archiv), Rheinbreitbach: S. 11 u., 14, 30 o., 41, 61, 68 u., 69, 75 u., 83, 84, 96 u., 190, 191, 192, 193 o., 193 Mitte, 193 u., 211
Volksoper, Wien/Barbara Pálffy: S. 159 o.
Vollpension, Wien/Mark Glasser: S. 47, 48, 49
Votiv, Wien/Maria Ritsch: S. 162
Weltcafé, Wien: S. 140
White Star, Hamburg: S. 96 o.
Wiener Sängerknaben, Wien/Lukas Beck: S. 159 u., 160
Wiener Schneekugelmanufaktur, Wien/Erwin Perzy: S. 164 u.
Wikipedia/Dreizung: S. 3 o. Mitte, 32 o.; Ekehnel: S. 57; Stefan Lefnaer: S. 66; Ralf Roletschek: S. 93; Wolfgang Sauber: S. 97; Snoop: S. 150
Wien Museum: S. 74; Hertha Hurnaus: S. 80 o., 85, 87
Wiener Staatsoper GmbH/Michael Pöhn: S. 203
Ernst Wrba, Wiesbaden: S. 187
Michael Zechany: S. 39
Viennale, Wien: S. 27
www.lupispuma.com/Volkstheater: S. 153 o., 157
Xocolat, Wien/Herbert Lehmann: S. 169
Zinn/laif, Köln: S. 82 u.
ZOOM Kindermuseum, Wien/J.J. Kucek: S. 24, 76, 178 u.
Zum Martin Sepp, Wien: S. 147

Titelbild: Das Wiener Secessionsgebäude (Foto: iStockphoto/pressdigital)
Umschlagrückseite: Café Hawelka in der Dorotheergasse (links/s. S. 125); Schloss Belvedere (Mitte/s. S. 96 o.); Tanzgruppe im Raimund Theater (rechts/s. S. 156)
Vordere Umschlagklappe (außen): Riesenrad im Wiener Prater (Foto: iStockphoto/Max.T)
Schmutztitel (S. 1): Wunderschöner Jugendstil – der Stadtbahnpavillon von Otto Wagner am Karlsplatz
Seite 2–5 (v. l. n. r.): Straßenmusikanten am Graben, Wiener Staatsoper, Kaiserappartements in der Hofburg, im Stephansdom, Karl-Marx-Hof, Fiakerfahrt durch den 1. Bezirk, Hundertwasserhaus, Wiener Kaffeehaus, Donaupark mit Donauturm, Blick über Wien (S. 5/Foto: iStockphoto/stellalevi)
Seite 10/11: Stephansdom (S. 6 o.), Oberes Belvedere (S. 6 Mitte), in der Albertina (S. 6 u.), Spanische Hofreitschule (S. 7 o.), Werkvorlage zum »Stocletfries« von Gustav Klimt im MAK–Museum für Angewandte Kunst (S. 7 u.)

Mit Textbeiträgen aus **1000 Places To See Before You Die – Deutschland · Österreich · Schweiz** von Susanne Kilimann, Rasso Knoller, Roland Mischke und Holger Möhlmann.

Reihenkonzeption: Andreas Schulz & VISTA POINT-Team
Bildredaktion: Kathrin Fäller
Lektorat: Kristina Linke, Christine Berger; Kathrin Fäller
Layout und Herstellung: Britta Wilken
Reproduktionen: Henning Rohm, Köln; Noch & Noch, Datteln
Kartographie: Berndtson & Berndtson Productions GmbH, Fürstenfeldbruck; Huber Kartographie GmbH, Unterschleißheim
Druckerei: Florjančič tisk d.o.o., Slowenien

ISBN 978-3-96141-421-5

An unsere Leser!
Die Informationen dieses Buches wurden gewissenhaft recherchiert und von der Verlagsredaktion sorgfältig überprüft. Nichtsdestoweniger sind inhaltliche Fehler nicht immer zu vermeiden. Für diese übernimmt der Verlag keine Haftung. Für Ihre Korrekturen und Ergänzungsvorschläge sind wir dankbar.

VISTA POINT Verlag
Rolandsecker Weg 30 · 53619 Rheinbreitbach
Telefon: +49 (0)2224/7795-0 · Fax: +49 (0)2224/7795-100
info@vistapoint.de · www.vistapoint.de · www.facebook.de/vistapoint